H

HARRAP'S

German

TESTS

HARRAP

Published in Great Britain 1994
by Chambers Harrap Publishers Ltd
43-45 Annandale Street, Edinburgh EH7 4AZ, UK

© Chambers Harrap Publishers Limited 1994

ISBN 0 245 60468 5 (UK)
ISBN 0 671 86873 X (USA)

Typeset by Roger King Graphic Studios
Printed in Great Britain by Clays Ltd, St Ives plc

Preface

German Tests has been conceived to help you assess your knowledge of the essential grammar points of the German language. It includes 30 chapters, each of which concentrates on a particular grammatical point. The exercises have been designed to consolidate and extend your understanding of German grammar.

The book is addressed to anyone who has a good basic knowledge of German. It will, therefore, be useful to GCSE students, as well as pupils in college who want to assess and develop their German, students and to all adults who wish to find out their weaknesses and improve their knowledge without attending a class.

Every chapter focuses on a precise point of German grammar and within the chapter the exercises take you gradually through various levels of grammatical difficulty. Every exercise has a key (these are given at the end of the book). After every test, a score is given, which allows you to assess your level.

We have tried to vary as much as we could the types of the exercises and the themes used. We hope that this will make your study both enjoyable and stimulating. The vocabulary used in the book is based on contemporary written and spoken German.

How to use the book - Assessment

German Tests can be used either as a continuous study aid or referred to for a specific grammar point. Bearing in mind that latter possibility, we have included an alphabetical index which mentions grammatical terms, key-words and English or German elements dealt with in the book.

The obtained score for each test enables you to assess your level accurately. Do not worry if you do not obtain a good score the first time. If you have too many difficulties with a test or a chapter and if, despite the keys, some points remain unclear, we advise you to go back to your usual manual (grammar, textbook) and to restart the test or the chapter in question later on.

If your score is:

- between 90 and 100% your knowledge is excellent;
- between 80 and 90% you have a good level;
- between 60 and 80% your level is not bad but we would recommend that you redo the test or the chapter after a while and that you revise the particular points in a grammar;
- under 60%: don't be discouraged, work quietly on the weak points using a grammar and redo the tests several times if necessary

We wish you good luck and hope that you will make good progress with your German and will enjoy working with this book.

Other titles in the same series, to help you with your revision:

GERMAN GRAMMAR
- Comprehensive Grammar of modern German
- Lively examples

GERMAN VERBS
- Over 200 German verbs fully conjugated
- Index of 2400 common verbs
- Notes on verb constructions

GERMAN VOCABULARY
- Ideal revision aid
- Particularly suitable for GCSE
- 6000 vocabulary items in 65 themes

Contents

8   Contents

Questions

1 Declension of Nouns

A The Definite Article

a) The following verbs always take the dative. Put the words in brackets into the dative case.

1 Dieser Anzug steht ... (**der Mann**) ausgezeichnet.
2 (**Das Mädchen**) ... schmeckt dieser Kuchen nicht.
3 Diese Schuhe passen ... (**das Kind**) wie angegossen.
4 (**Der Künstler**) ... gefällt das Bild sehr gut.
5 Rauchen schadet ... (**die Gesundheit**).
6 Die Gäste danken ... (**die Gastgeber**).
7 Das Enkelkind gratuliert ... (**der Großvater**).
8 Der Arzt hilft ... (**die Kranken**).
9 Die Leute glauben ... (**die Politiker**) nicht mehr.
10 Das Haus gehört ... (**die Geschwister**) seit langem.

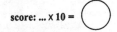

score: ... × 10 =

b) The following sentences do not make sense. Rearrange the nouns to make the meaning more plausible, but be careful: these are all weak masculine nouns.

1 Der Affe fotografiert den Jungen.
2 Der Automat kauft den Kunden.
3 Der Präsident interviewt den Journalisten.
4 Der Experte konsultiert den Patienten.

5 Der Terrorist sucht den Polizisten.
6 Der Hase füttert den Nachbarn.
7 Der Satellit konstruiert den Spezialisten.
8 Der Student beschimpft den Kapitalisten.
9 Der Name hat einen komischen Bauern.
10 Der Löwe fürchtet den Touristen.

score: ... x 10 =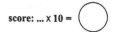

c) **Complete these sentences, putting the nouns in bold into the genitive case.**

1 Der Motor/**der Wagen** ist kaputt.
2 Die Farben/**das Bild** sind sehr grell.
3 Das Wasser/**der Fluß** ist verschmutzt.
4 Die Frage/**die Studienwahl** beschäftigt mich sehr.
5 Die Lage/**das Hotel** ist sehr günstig.
6 Der Duft/**das Parfüm** ist angenehm.
7 Der Abflug/**die Maschine** wird verschoben.
8 Die Büros/**die Fluggesellschaften** liegen im vierten Stock.
9 Das Ende/**die Diskussion** läßt alle Fragen offen.
10 Das Ergebnis/**die Gespräche** ist befriedigend.

score: ... x 10 =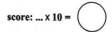

B The Indefinite Article

a) Make the nouns in brackets singular.

1 Meine Tochter wünscht sich zum Geburtstag
   (**Mäuse**) ... .
2 Aber ich schenke ihr lieber (**Kanarienvögel**) ... .
3 Denn wir haben schon (**Katzen**) ... im Haus.
4 Unsere Nachbarin möchte sich (**Schlangen**) ... kaufen,
   aber ihr Mann ist dagegen.
5 Er sagt, sie solle sich lieber mit (**Büchern**) ... die Zeit
   vertreiben und sich bilden.
6 Deshalb habe ich ihr (**Liebesromane**) ... geliehen.
7 Die Dame im dritten Stock hat auch (**Haustiere**) ... .
8 Unser Hausbesitzer hält im Garten (**Schafe**) ... .
9 Demnächst möchte er sich (**Ziegen**) ... anschaffen.
10 Seit einem Jahr sucht er (**Mieter**) ... für die freie
   Wohnung im Erdgeschoß.

score: × 10 =

**b) Complete the dialogue by adding *kein*. Pay attention to
the case.**

Auf dem Flohmarkt

A : Billige Fahrräder! Beste Qualität! Greifen Sie zu!
B : Nein danke, ich brauche (1) ... Fahrrad.
A : Wir führen auch Nähmaschinen.
B : Vielen Dank. Aber ich kaufe jetzt (2) ...
        Nähmaschine, außerdem kann ich nicht nähen.

A : Sammeln Sie vielleicht Briefmarken?
B : Nein, ich sammle **(3)** ... Briefmarken und auch **(4)** ... alten Bücher.
A : Was suchen Sie eigentlich?
B : Haben Sie **(5)** ... billigen Tisch?
A : Nein, wir verkaufen **(6)** ... Möbel.
B : Schade, gibt es hier **(7)** ... Händler, die Möbel haben?
A : Dort hinten rechts. Aber brauchen Sie **(8)** ... Teppich für Ihre Wohnung?
B : Doch, aber hier ist **(9)** ... Teppich, der mir gefällt.
A : Nun, wenn Sie **(10)** ... Gefallen daran finden, kann ich heute leider nichts für Sie tun.

score: ... x 10 =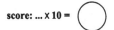

C Definite or Indefinite Article?

Fill in the gaps with the appropriate article.
NB Sometimes no article is required, in which case insert Ø.

Wie in schlechten Romanen

Sie war **(1)** ... Deutsche und arbeitete als **(2)** ... Dozentin für **(3)** ... Slawistik an **(4)** ... Humboldt-Universität in **(5)** ... Ost-Berlin. Er kam aus **(6)** ... UdSSR und war als **(7)** ... Wirtschaftsexperte im Auftrag der Regierung in **(8)** ... Hauptstadt **(9)** ... DDR. **(10)** ... beiden lernten sich in **(11)** ... Café am Alexanderplatz kennen.

Er las gerade **(12)** ... Prawda und trank **(13)** ... Tee. Sie saß
vor einer Tasse **(14)** ... Kaffee. Sein Ministerium hatte ihn auf
(15) ... Geschäftsreise in **(16)** ... DDR geschickt, wo er über
(17) ... Möglichkeiten wirtschaftlicher Zusammenarbeit
zwischen **(18)** ... Sowjetunion und **(19)** ... DDR verhandeln
sollte. In letzter Zeit hatte er **(20)** ... Tag und **(21)** ... Nacht
gearbeitet. Nun hatte er endlich ein paar Stunden vor **(22)** ...
Beginn der nächsten Besprechung frei. Durch **(23)** ... Zufall
saßen sie am gleichen Tisch, und bald diskutierten sie lebhaft
über **(24)** ... politischen Entwicklungen in **(25)** ... Osteuropa.
Er erwies sich als **(26)** ... Kenner der Situation. Mit **(27)** ...
Intelligenz und **(28)** ... Freundlichkeit begegnete er ihrer
Kritik. Die Zeit verging wie im Fluge, so daß sie auch noch
miteinander zu **(29)** ... Mittag aßen und eine Flasche **(30)** ...
Champagner tranken. Vielleicht hinderten sie **(31)** ...
Höflichkeit und **(32)** ... Zurückhaltung daran, ihre Adressen
auszutauschen. Zu **(33)** ... Ostern fuhr sie in **(34)** ...
Tschechoslowakei, wo in **(35)** ... Prag ein Fachkongreß
stattfand. Dort mußte sie zum ersten Mal auf **(36)** ...
Englisch einen Vortrag halten, wovor sie **(37)** ... große Angst
hatte. Gleichzeitig wußte sie, daß sie durch **(38)** ...
Fachkenntnis und **(39)** ... Rhetorik überzeugen könnte.
Trotzdem hatte sie immer **(40)** ... Lampenfieber. Ihr Beitrag
war schließlich **(41)** ... Ereignis des Kongresses! Und **(42)** ...
nächstes Jahr sollte sie eine Vortragsreise durch **(43)** ...
Niederlande machen. Aus **(44)** ... Freude über ihren Erfolg
ging sie mit einem Kollegen in **(45)** ... beste Restaurant der
Stadt. Sie diskutierten gerade über **(46)** ... Prag Kafkas, als
die Tür aufging. Sie war sprachlos vor **(47)** ... Erstaunen.
Bisher war sie immer **(48)** ... Meinung gewesen, daß sich **(49)**
... Zufälle nicht wiederholen. Bald darauf nahm sie eine
Gastprofessur in **(50)** ... Leningrad an.

score: ... X 2 = ◯

D Demonstratives

Fill in the missing word endings.

Der Politiker begrüßte zuerst (1) all... Zuhörer, bevor er zu
(2) viel... Problemen Stellung nahm, die (3) sämtlich...
Zuhörern bekannt waren. Wie immer machte er (4)
irgendwelch... Versprechungen, die nur (5) wenig... Leute
ernst nahmen.
Auf eine kritische Zwischenfrage gab er (6) irgendein...
Antwort, die so (7) manch... Zuhörer wütend machte.
Außerdem, was für (8) ein... Arroganz in seinem Ton! Mit (9)
welch... Recht verhielt er sich so? Mehrer... Leute verließen
aus Protest den Saal.

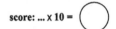

score: ... x 10 =

2 Plurals

a) Make these plural nouns singular.

(m): die Artikel, Schecks, Staaten, Seen, Nerven, Männer,
Träume, Brüder, Termine, Märkte, Geister, Mängel,
Wälder, Chefs, Reichtümer, Könige, Löhne.

(f): die Auskünfte, Universitäten, Bars, Gewerkschaften,
Fäuste, Kenntnisse, Studentinnen, Mütter, Mächte,
Kameras, Hände, Töchter, Freiheiten, Mühen,
Eitelkeiten, Unis.

(n): die Fenster, Argumente, Mitglieder, Länder, Betten,
Autos, Klöster, Telefonate, Felder, Ämter, Augen,
Hemden, Hotels, Geschlechter, Dörfer, Verben,
Kleider.

score: ... x2 =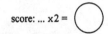

b) Make the nouns in brackets plural.

1 Ich habe alle ... **(das Drama)** Brechts gelesen.
2 Die Bank hat meine ... **(das Konto)** gesperrt.
3 Diese Organisation vergibt ... **(das Stipendium)** für
Doktoranden.
4 Ich muß mir neue ... **(der Ski)** kaufen.
5 Viele ... **(das Museum)** sind montags geschlossen.
6 Zahlreiche ... **(die Firma)** investieren jetzt in Osteuropa.
7 Sie hat alle ... **(das Examen)** bestanden.

    8   Auf dieser Autobahnstrecke gibt es immer ... **(der Stau).**

    9   Die ... **(der Fachmann)** sind sich über die Lösung der Verkehrsprobleme nicht einig.

    10 Diese Band spielt heiße ... **(der Rhythmus).**

score: ... × 10 = ◯

c) **Make the nouns in brackets plural. Watch out for dative plurals.**

Wenn die Katze aus dem Haus ist, tanzen die **(1)** ... **(Maus)** auf dem Tisch.

Sie geht wie auf **(2)** ... **(Ei).**

Er steht mit den **(3)** ... **(Huhn)** auf.

Gelegenheit macht **(4)** ... **(Dieb).**

Ich sitze zwischen zwei **(5)** ... **(Stuhl).**

Das pfeifen die **(6)** ... **(Spatz/***sparrow*) von den **(7)** ... **(Dach).**

Ich habe heute noch nichts zwischen die **(8)** ... **(Zahn)** bekommen.

Wir wurden mit offenen **(9)** ... **(Arm)** empfangen.

(10) ... **(Hund),** die bellen, beißen nicht.

score: ... × 10 = ◯

3 Pronouns

A Personal Pronouns

a) Fill in the gaps with *mir*, *mich*, *dir* or *dich*.

Der schwierige Onkel

Gaby: Guten Abend, Onkel, geht's gut?

Onkel: Nein, **(1)** ... geht es schlecht und keiner besucht
(2) ... .

Gaby: Ist nicht wahr, und außerdem siehst du blendend aus.

Onkel: Kochst du **(3)** ... einen Tee?

Gaby: Ja gern, aber zuerst möchte ich den Mantel
ausziehen.

Onkel: Brauchst du nicht: Könntest du für **(4)** ... zum Bäcker
gehen?

Gaby: Was soll ich **(5)** ... besorgen?

Onkel: Ein Stück Torte! Bringst du **(6)** ... bei dieser
Gelegenheit bitte die Zeitung mit?

Gaby: In Ordnung, aber ich sag's gleich. Ich wollte **(7)** ...
nur kurz besuchen.

Onkel: Was! Bist du verrückt? Du willst **(8)** ... schon wieder
verlassen?

Gaby: Nein, zuerst werde ich **(9)** ... den Einkauf machen.
Das hält ja keiner aus bei **(10)** ... .

score: ... × 10 = ◯

b) Fill in the gaps with the personal pronoun which corresponds to the noun in bold type. Watch out for accusatives and datives.

Die Chefin und ihr Assistent

C: Haben Sie schon **die Reiseagentur** angerufen?
A: Ja, ich habe **(1)** ... schon angerufen.
C: Haben wir auch schon **das Ticket** erhalten?
A: Nein, aber sie haben versprochen, **(2)** ... bis spätestens morgen zu schicken.
C: Haben Sie schon **den französischen Unternehmer** über meine genaue Ankunft informiert?
A: Ja, ich habe **(3)** ... informiert.
C: Haben wir von **der Dolmetscherin** (*interpreter*) eine Antwort bekommen?
A: Ja, wir haben von **(4)** ... ein Antwortschreiben, sie fährt mit uns nach Paris.
C: Hat man für uns schon **die Hotelzimmer** bestellt?
A: Ja, die Sekretärin hat **(5)** ... letzte Woche gebucht.
C: Gut, dann haben wir fast alles vorbereitet. Schade, daß wir nur so kurz in Paris sein werden.

score: ... × 20 =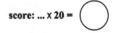

c) Replace the noun in brackets with the appropriate personal pronoun.

Politik

Eine Gans war in der Nacht auf dem Eis festgefroren. Das sah der Fuchs. Also schlich **(1)** ... **(der Fuchs)** zu **(2)** ... **(der Gans)** hinüber.
Dicht vor **(3)** ... **(der Gans)** brach der Fuchs ein, und **(4)** ...

(der schlaue Kerl) mußte sich schwimmend über Wasser halten. Also schlug der Fuchs der Gans vor: "Laß uns unsere Feindschaft begraben und uns vertragen." (5) ... (Die Gans) schaute (6) ... (den Fuchs) an und antwortete (7) ... (dem Gesellen): "Das kommt darauf an." "Worauf denn?" wollte (8) ... (der Fuchs) wissen. "Ob es taut oder friert" entgegnete (9) ... (die Gans) und betrachtete (10) ... (den Fuchs), wie er keuchte.

(nach Wolfdietrich Schnurre)

score: ... x 10 =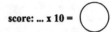

d) **Translate the following sentences.**

1 He asked me the way.
2 I congratulate you (**Sie**), Mr Page.
3 I've been waiting for you (**du**) for two hours.
4 We really need him.
5 They contradict her continually.
6 Sometimes (**manchmal**) I can't hear you (**du**).
7 She no longer needs to be looked after.
8 We made them redundant last week.
9 Can I help you (**Sie**), Sir?
10 We were not able to speak to him.

score: ... x 10 = ◯

e) Complete the answers using the appropriate personal pronoun.

Example: Hat die Kundin der Firma den Scheck geschickt?
Ja, sie hat **ihn ihr** geschickt.

1 Hast du deiner Freundin das Auto geliehen? Ja, ich
habe ... ... geliehen.
2 Verbietet das Gericht den Leuten die Demonstration?
Nein, es hat ... ... erlaubt.
3 Hat die Botschaft dir das Informationsheft geschickt?
Ja, sie hat ... ... zugesandt.
4 Liefert der Händler den Kunden die Waren pünktlich?
Ja, er bringt ... ... normalerweise pünktlich.
5 Hat der Verlag dem Autor das Manuskript
zurückgeschickt? Ja, er hat ... ... zurückgesandt.
6 Hat die Bank uns die Kredite versprochen? Nein, sie hat
... ... verweigert.
7 Hat der Mann den Kindern den Fußball
weggenommen? Ja, und er hat ... ... noch nicht
zurückgegeben.
8 Hast du Lust, uns die Geschichte zu erzählen? Ja, einen
Moment, ich erzähle ... ... gleich.
9 Hat des Reisebüro den Touristen das Hotel empfohlen?
Ja, man hat ... ... empfohlen.
10 Hat die Bande der Millionärin den Schmuck gestohlen?
Nein, ein Hotelgast hat ... ... geklaut.

score: ... x 5 = ◯

B Reflexive Pronouns

a) Form sentences by putting together two phrases and adding the accusative reflexive pronoun.

1	Peter interessiert	a	nach der Abfahrtszeit des Zuges.
2	Ich erkundige	b	uns Auskunft zu geben?
3	Wir kümmern	c	für den neuen Film.
4	Warum weigert ihr	d	bei der alten Dame.
5	Du entschuldigst	e	um die Theaterkarten.
6	Der Arbeitslose bewirbt	f	vor dem großen Hund.
7	Wann treffen Sie	g	auf die Sommerferien.
8	Das Kind fürchtet	h	beim Hausmeister beschweren.
9	Die Schüler freuen	i	mit dem neuen Kunden?
10	Ich werde	j	um eine neue Arbeit.

score: ... x 10 = ◯

b) Form sentences by putting together two phrases and adding the dative reflexive pronoun.

1	Er wäscht	a	eine Geschichte aus.
2	Rasierst du	b	eine Tüte Bonbons.
3	Leisten wir	c	die Mona Lisa im Louvre an.
4	Ich verbitte	d	seine Adresse.
5	Die Großmutter denkt	e	die Hände vor dem Essen.
6	Ihr stellt	f	10 DM von euch leihen?

7	Das Mädchen kauft	**g**	diese Unverschämtheit.
8	Ich merke	**h**	dieses teure Auto!
9	Du siehst	**i**	die Sache zu einfach vor.
10	Können sie	**j**	den Bart ab?

score: ... x 10 =

---

c) Translate the following, using reflexive verbs.

1 The tourists were not ashamed of their behaviour.
2 He caught a cold during the journey.
3 Where are you staying during the holidays?
4 He has to shave with cold water at six o'clock in the morning.
5 Graham was having fun on the see-saw.

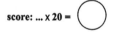

score: ... x 20 =

---

d) Fill in the gaps with the appropriate reflexive pronoun.

Nach vielen Jahren trafen sie (**1**) ... wieder. Sie hatten
(**2**) ... im Café neben der Universität verabredet. Laß
(**3**) ... umarmen! Es ist kaum zu glauben, wie lange wir
(**4**) ... nicht gesehen haben. Gestern traf ich deinen Mann, er
hat (**5**) ... gar nicht verändert. Du hast (**6**) ...einen neuen
Haarschnitt machen lassen. Ich wollte (**7**) ... auch immer eine
neue Frisur machen lassen, habe (**8**) ... aber nicht getraut.

Auch fehlt mir die Zeit. Seit wir (9) ... um Peters Mutter kümmern, müssen wir (10) ... die Zeit genau einteilen. Sie brach (11) ... im Winter ein Bein und kann (12) ... seitdem nicht mehr bewegen. Was hat (13) ... denn bei euch verändert? Könnt ihr (14) ... inzwischen eine größere Wohnung leisten? Ja, ich habe (15) ... um eine andere Wohnung bemüht und auch Michael hat (16) ... verbessert. Deshalb können wir (17) ... jetzt eine größere Wohnung in Haidhausen erlauben. Die Kinder begeistern (18) ... sehr für Tennis, der Club ist auch gleich um die Ecke. Letztes Jahr habe ich (19) ... endlich ein Auto gekauft, ich fühle (20) ... viel unabhängiger als zuvor.

score: ... × 5 = ◯

e) **Fill in the gaps with the appropriate reflexive pronoun.**

1 Rasier ... **(du)!**
2 Wascht ... **(ihr)!**
3 Beeilen wir ... **(wir),** sonst kommen wir zu spät!
4 Machen Sie ... **(Sie)** keine Sorgen!
5 Putz ... **(du)** die Zähne!
6 Jeder für ... **(er),** Gott für alle!
7 Zankt ... **(ihr)** nicht ständig!
8 Ziehen Sie ... **(Sie)** an!
9 Wir sollten ... **(wir)** morgen darüber unterhalten.
10 Ärgere ... **(du)** doch nicht länger!

score: ... × 10 = ◯

C Indefinite Pronouns

a) Fill in the gaps with *man, niemand, jemand, irgendwer* or
einer. Be careful with the declension.

1 Wenn ... nach Afrika fährt, sollte man sich vorher
   impfen lassen.
2 Sollte ... von ihnen beabsichtigen, nach Ägypten zu
   fahren, empfehle ich eine Fahrt auf dem Nil.
3 Die Entscheidung zu einer solchen Reise hat noch ...
   bereut.
4 Auch wenn ... der Massentourismus nicht gefällt, gibt
   es viele Möglichkeiten, nach Ägypten zu reisen.
5 Sollten ... ein paar Tage Abgeschiedenheit interessieren,
   bietet sich das Leben in einer Oase dazu an.
6 Sprachlich gibt es selten Probleme, man trifft immer ...,
   der ein wenig Englisch spricht.
7 Ein Volkshochschulkurs in Arabisch hat jedoch noch ...
   geschadet.
8 ... wird Sie überall anders behandeln, wenn Sie ein
   wenig die Landessprache sprechen.
9 ... jeden Reise Höhepunkt ist der Besuch der
   Pyramiden.
10 Hier sollten Sie sich auf jeden Fall ... als Führer
    nehmen.

score: ... X 10 =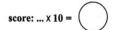

b) Fill in the blanks with *jeder* or *alle*. Be careful with the declension.

Straßenfest

(1) ... Jahr wird in unserer Straße ein großes Fest veranstaltet. Einige Wochen vorher treffen sich (2) ... Anwohner, um die Organisation zu besprechen. (3) ... Haus schlägt etwas vor, und dann ist es (4) ... Mieter Aufgabe, etwas zum Erfolg des Festes beizusteuern. In (5) ... Jahr gibt es auch eine Attraktion für die Kinder. Es ist fast für (6) ... Geschmack etwas dabei. Vor (7) ... Häusern werden Stände aufgebaut. Die Besitzer (8) ... Autos werden am Vortag gebeten, ihre Autos anderswo zu parken. Die Familien geben sich (9) ... Mühe, zum Gelingen des Festes beizutragen. Auch erhält (10) ... einige Plakate und Handzettel, um die Nachbarschaft auf das Fest aufmerksam zu machen.

score: ... × 10 =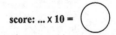

D Interrogative Pronouns

a) Fill in the gaps with the appropriate interrogative pronoun.

1 ... hast du das Buch geliehen? **Peter.**
2 ... traf er gestern auf der Straße? **Paula.**
3 ... wünscht sie sich zum Geburtstag? **Ein Buch.**
4 ... Auto ist das? **Gabys.**
5 ... habt ihr während der Ferien erlebt? **Nichts.**

6 Bei ... sind wir morgen eingeladen? **Bei Paul.**

7 Gegen ... hat er im Tennis verloren? **Gegen Boris.**

8 ... Idee war es, diesen Film zu sehen? **Meine.**

9 Mit ... hast du die letzten Ferien verbracht? **Mit meiner Oma.**

10 ... geht dich das eigentlich an? **Sehr viel.**

score: ... x 10 =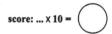

b) **Make up questions about the words in bold to which the sentences below would be the answers.**

1 Ich heiße **Michael Jansen.**

2 Ich wohne **in Flensburg.**

3 Heute bin ich **45 Jahre** alt.

4 Ich bin **Bauer** von Beruf.

5 Ich lernte meine Frau **vor 20 Jahren** kennen.

6 Ich war mit meinem Traktor **ins Dorf** gefahren.

7 Sie fuhr hinter mir in einem Cabriolet.

8 In unserem Dorf kenne ich **alle Leute.**

9 Sie hatte ich noch nie gesehen; **deshalb** drehte ich mich nach ihr um.

10 Sie sah **schlank** aus, hatte blondes Haar und lächelte mich an.

11 An der nächsten Ampel hielt ich, stieg vom Traktor und ging **zu ihr.**

12 Es war Sommer, und sie machte **den Eindruck, im Urlaub zu sein.**

13 Ich lud sie **zu einem Kaffee** ins naheliegende Eiscafé ein.

14 Sie kam **aus Köln** und wollte nach Dänemark fahren.

15 **Weil die Autobahn so voll war,** hatte sie die Landstraße vorgezogen.

16 Es war schon spät, und ich hatte **meine Arbeit** ganz
   vergessen.
17 Wir unterhielten uns **mehr als zwei Stunden.**
18 Ich schlug ihr vor, **bei uns** zu übernachten.
19 Zwei Monate später wurde sie **meine Frau.**
20 Inzwischen haben wir **drei Kinder.**

score: ... × 5 =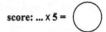

c) **Make ten questions using the following.**

1	Womit	a	unterscheiden sich die beiden Modelle?
2	Worum	b	hat der Minister gesprochen?
3	Woran	c	protestieren die Demonstranten?
4	Woher	d	beschäftigt er sich in seiner Freizeit?
5	Wogegen	e	geht es in diesem Text?
6	Wofür	f	hast du erkannt, daß es Engländer sind?
7	Wonach	g	has du die Schüler überrascht? Beim Abschreiben?
8	Wodurch	h	wissen Sie das so genau?
9	Wobei	i	setzen sich die Frauen im Parlament ein?
10	Wovon	j	erkundigst du dich am Schalter?

score: ... × 10 =

d) Ask questions about the words in bold type, using *welcher, welche, welches, welchen* or *welchem*, with or without a preposition.

1   Gestern fuhr ich **mit der Linie 5** in die Stadt.

2   Ich nahm **die Straßenbahn um 19 Uhr.**

3   Ich ging **in das Kino am Rathausmarkt.**

4   **Die Kollegen aus dem Betrieb** warteten schon auf mich.

5   Wir wollten **den neuen Film von Wim Wenders** sehen.

6   Alle waren **bester Stimmung,** weil am nächsten Tag die Betriebsferien begannen.

7   Aber die Enttäuschung war groß, als wir feststellten, daß **der 8-Uhr-Film** schon ausverkauft war.

8   Wir versuchten, **in dem Restaurant neben dem Kino** einen Platz zu finden.

9   Der Kellner **des italienischen Restaurants** bedauerte, uns keinen Platz anbieten zu können, denn alle Tische waren reserviert.

10 Schließlich lud uns **unsere neue Kollegin** ein. Wir sahen einen Videofilm und aßen Tiefkühlpizza.

score: ... x 10 =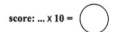

4 Declension of Adjectives

a) Form sentences by adding the definite article and using the adjectives given. Pay attention to case endings.

Auf welche Heiratsanzeige würden Sie antworten?

1 Mich interessiert ... **(humorvoll, tolerant)** Akademiker.
2 Ich antworte auf die Anzeige ... **(zuverlässig, liebevoll)** Beamten.
3 Ich nehme mit ... **(kulturell interessiert, sportlich)** Arzt Kontakt auf.
4 Ich finde ... **(sportlich, elegant)** Informatikerin interessant.
5 Ich schreibe ... **(offen, reiselustig)** Automechaniker.

score: ... x 20 =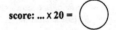

b) Here are ten titles of literary works. Add the correct ending to the adjectives.

1 Der einsam... Weg (Schnitzler).
2 Der gut... Mensch von Sezuan (Brecht).
3 Der Besuch der alt... Dame (Dürrenmatt).
4 Die wunderbar... Jahre (Kunze).

5 Der alt... Mann und das Meer (Hemingway).
6 Memoiren eines mittelmäßig... Schülers (Sporl).
7 Die heilig... Johanna der Schlachthöfe (Brecht).
8 Die Leiden des jung... Werther (Goethe).
9 Sansibar oder der letzt... Grund (Andersch).
10 Der eingebildet... Kranke (Molière).

score: ... x 10 =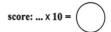

c) **Complete these idioms by adding the definite article and the adjective in brackets. Pay special attention to the endings.**

1 Es war Liebe auf ... **(erste)** Blick.
2 Sie zeigte ihm ... **(kalt)** Schulter.
3 Er sah alles durch ... **(rosarot)** Brille.
4 Ihr wollt immer ... **(erste)** Geige spielen.
5 Ich muß wohl in ... **(sauer)** Apfel beißen.
6 Du bist heute mit ... **(links)** Fuß aufgestanden.
7 Diese Leute hängen alles an ... **(groß)** Glocke.
8 Du bist in dieser Gruppe ... **(fünfte)** Rad am Wagen.
9 Diese Frage kann man nicht an ... **(grün)** Tisch entscheiden.
10 Das ist für ... **(hohl)** Zahn.

score: ... x 10 =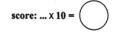

d) Add the correct adjectival endings.

Frau Kluge geht in ein groß... **(1)**, exquisit... **(2)** Geschäft,
weil sie sich einen neu... **(3)** Rock und eine neu... **(4)** Bluse
kaufen will. Eine sympathisch... **(5)** Verkäuferin fragt sie, ob
sie eine bestimmt... **(6)** Farbe suche. "Hier ist ein blau... **(7)**
Rock mit einem grün... **(8)** Gürtel. Gefällt er Ihnen?" Frau
Kluge antwortet: "Nein, der Rock hat ein sehr bunt... **(9)**
Muster. Könnten Sie mir bitte einen eng... **(10)** schwarz...
(11) Rock zeigen, der zu einer weit... **(12)**, weiß... **(13)** Bluse
paßt?" Kurz darauf verläßt Frau Kluge mit einem
zufrieden...**(14)** Gesicht und einem leer... **(15)** Geldbeutel das
Geschäft mit dem Rock eines bekannt...**(16)** Herstellers. Zu
Hause angekommen, muß sie festellen, daß der Rock einen
dick... **(17)** Fleck hat. "Eine schön... **(18)** Bescherung", denkt
sie sich. Da der Laden inzwischen schon geschlossen ist, muß
die arme Frau mit einem unmodisch... **(19)** Rock zum
Empfang eines berühmt... **(20)** Künstlers gehen.

score: ... × 5 =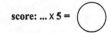

**e) Begin each phrase with each of the words in brackets in
turn, adjusting the adjectival endings as necessary.**

1 gute Freunde **(einige, alle)**
2 ausländische Unternehmen **(mehrere, beide)**
3 junge Leute **(die meisten, ein paar)**
4 ältere Menschen **(viele, welche)**
5 amerikanische Touristen **(eine Million, irgendwelche)**
6 billige Produkte **(manche, einige)**

7 dumme Fragen **(sämtliche, jene)**
8 hohe Risiken **(etliche, folgende)**
9 schöne Stunden **(viele, andere)**
10 aktuelle Probleme **(welche, wenige).**

score: ... x 5 =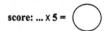

f) Add correct endings to the possessive adjective and to the following adjective.

1 Er spricht mit seiner Tochter wegen ihr... schlecht... Noten.
2 Die Meyers fahren in ihr... alt... Auto nach Spanien.
3 Bist du mit dein... neu... Arbeit zufrieden?
4 Herr Schmidt geht heute in Begleitung sein... früher... Frau ins Theater.
5 Wie gefallen dir mein... blau... Schuhe?
6 Unser... alt... Eltern leben jetzt in einem Seniorenheim.
7 Das kleine Kind spielt mit sein... älter... Bruder.
8 Wegen eure... krank... Mutter braucht ihr euch keine Sorgen zu machen.
9 Trotz sein... verletzt... Hand nahm er am Tennisturnier teil.
10 Mit ihr... elegant... Kleid machte meine Schwester auf dem Ball großen Eindruck.

score: ... x 5 =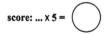

g) Add the correct adjectival ending where necessary.

Was in diesem Sommer modern wird.

Die modebewußte Dame trägt in diesem Sommer weiß... **(1)**
Hosen oder Röcke mit blau... **(2)** Oberteil. Weit... **(3)** Schnitte
werden wieder modern und weich... **(4)** Stoffe dominieren,
wobei der Trend zu seiden... **(5)** Stoffen auch weiterhin
anhält. Viel... **(6)** Modemacher bevorzugen auch in Zukunft
kurz... **(7)** Röcke, man zeigt viel... **(8)** Bein. Für die
Abendgarderobe gilt noch immer: schwarz... **(9)** Kleid mit
tief... **(10)** Ausschnitt. Marini erfüllt mit seiner Abendmode
den Traum romantisch... **(11)** Frauen: Neben weiß... **(12)**
Spitze *(lace)* schmücken groß... **(13)** Schleifen *(bow)* die
Kleider. Farbenfroh... **(14)** Mode für den Mann präsentieren
nahezu alle Designer. Der Mann von heute trägt in der
Freizeit bunt... **(15)** Hemd zu hell... **(16)** Hose. Der Wunsch
modebewußt... **(17)** Männer geht endlich in Erfüllung; auch
im grauen Büro kann man Farbe bekennen: Grau... **(18)**
Anzüge läßt man im Schrank und tauscht sie gegen
maisfarben... **(19)** Jacke und dunkelbraun... **(20)** Hose.

score: ... X 5 = ◯

h) Add the correct adjectival endings.

Lieb... **(1)** Moritz, viel... **(2)** Dank für Deinen lieb... **(3)** Brief,
Wann wirst Du Deinen nächst... **(4)** Urlaub haben? Ich würde
Euch gern mal in Eurer neu... **(5)** Wohnung besuchen und
gemeinsam mit dir die alt... **(6)** Wasserburgen im
Münsterland besichtigen. Nach der anstrengend... **(7)** Arbeit
der letzt... **(8)** Woche wollte ich am vergangen... **(9)**
Wochenende mit meiner langjährig ... **(10)** Freundin Anna
eine schön... **(11)** Radtour entlang des Rheins unternehmen.
Aber es sollte ein Tag mit viel... **(12)** Hindernissen werden.
Herrlich... **(13)** Sonnenschein hatte an diesem Tag viel... **(14)**
Menschen aus ihren Häusern gelockt, so daß man auf dem
eng... **(15)** Radweg nur langsam vorwärtskam. Schon nach
den erst... **(16)** einhundert Metern war der Hinterreifen
meines alt... **(17)** Fahrrades platt. Nach einer kompliziert...
(18) Reparatur hatte ich völlig schwarz... **(19)** Hände. Nach
etwa fünf Kilometern hörte ich plötzlich hinter mir einen
laut... **(20)** Schrei und das fürchterlich... **(21)** Gekläff
(barking) eines klein... **(22)** Hundes. Dieser war Anna
plötzlich vors Fahrrad gelaufen, sie konnte nicht mehr
bremsen und stürzte zu Boden. Ergebnis: Annas recht... **(23)**
Arm war verletzt. Schön... **(24)** Bescherung, dachte ich.
Immerhin haben wir dann noch einen nett... **(25)** Abend im
Kino verbracht.

Viele Grüße,
Thomas

score: ... X 4 = 〇

5 Comparatives and Superlatives

a) Make the appropriate comparison.

Example: Anna 1,65 m – Susanne 1,70 m **(klein sein)**
               Anna ist kleiner als Susanne.

1. Ein Mercedes – Trabant **(schnell fahren)**
2. Peter 30 Jahre – Hans 45 Jahre **(alt sein)**
3. Der Rhein – der Main **(lang sein)**
4. Die Engländer – die Deutschen **(viel Bier trinken)**
5. Die deutsche Küche – die englische Küche **(gut sein)**
6. Der Mond – die Sonne **(nah sein)**
7. Notre Dame – der Eiffelturm **(hoch sein)**
8. Pizza – Sauerkraut **(Italiener gern essen)**
9. Das Mittelmeer – die Nordsee **(warm sein)**
10. Eine Reise mit dem Auto – eine Reise mit dem Flugzeug **(teuer sein)**

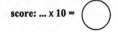

score: ... × 10 =

b) Make the adjective in brackets comparative. Take care with the endings.

(1) **(Alt)** ... Menschen haben oft Gesundheitsprobleme. Dieser Weg ist (2) **(kurz)** ...; wenn wir ihn nehmen, sind wir schneller am Ziel.

Dieser Winter ist viel **(3) (hart)** ... als der vergangene. Je **(4) (viel)** ... Autos auf den Straßen fahren, desto **(5) (groß)** ... ist die Unfallgefahr. Durch die **(6) (hoch)** ... Steuern ist die Familie **(7) (arm)** ... als früher.

Ich kaufe mir **(8) (gern)** ... einen Plattenspieler als einen **(9) (modern)** ... Fernseher.

Der Dollar ist heute an der Börse **(10) (schwach)** ... als gestern.

score: ... x **10 =** ◯

c) **Turn the adjectives in brackets into superlatives.**

1   Wie heißt das **(klein)** ... Bundesland Deutschlands?
2   Welches ist die **(alt)** ... Universität Deutschlands?
3   In welchem Bundesland leben die **(viel)** ... Menschen?
4   Wie heißt der **(groß)** ... Ozean?
5   Welches ist der **(hoch)** ... Berg in Deutschland?
6   Welches ist der **(lang)** ... Fluß in Deutschland?
7   Wo ist das Klima in Deutschland am **(mild)** ...?
8   Von wem ist das **(berühmt)** ... Bild im Louvre?
9   Welches Tier kann am **(schnell)** ... laufen?
10   Wo machen die Deutschen am **(gern)** ... Urlaub?

score: ... x **10 =** ◯

6 Adverbs

a) **Translate these sentences.**

1 It snowed a lot last night.
2 He always goes home at lunchtime.
3 He'll receive his new car the day after tomorrow.
4 I hope that he'll be able to leave hospital soon.
5 If you (**du**) study medicine, you will earn a lot of money later on.
6 I can't open the door now. (*Begin with* **Ich kann.**)
7 The firemen arrived shortly (**sofort**) after our telephone call.
8 Nowadays you have to spend a third of your salary on rent. (*Use* **man.**)
9 The Government recently put up income tax.
10 During his stay in Germany he rang me several times.
11 She met her schoolfriends two years after her A levels, but in the meantime half of them had got married.
12 At first she didn't notice him, but a week later she was spending almost every evening with him.
13 We can never agree to this proposal.
14 His wife has left him again.
15 Just now they said on the radio that the street was blocked. (*Begin with* **Gerade.**)
16 Why are you (**du**) constantly complaining (**sich beschweren**) about your boss?
17 He now lives in Cologne, before he used to live in Hamburg. (*Begin with* **Jetzt.**)
18 You're (**Sie**) only 22? You look older.
19 He has just told me that he can't come tonight.

20 On Wednesday evening he always plays cards with his friends. (*Begin with* **Mittwoch abends.**)

score: ... × 5 =

b) Which of the three adverbs in brackets can best replace the adverb in bold type in each sentence?

1 **Früher** hatten Frauen selten eine gute Berufsausbildung. (**ehemals, gestern, vorher**)
2 Nach vielen Jahren haben sie sich **kürzlich** wiedergesehen. (**sofort, bereits, neulich**)
3 Die Eltern hoffen, daß hier **demnächst** ein neuer Spielplatz entstehen wird. (**nachher, bald, danach**)
4 Er trinkt **oft** ein Glas Wein zum Abendessen. (**häufig, immer, stets**)
5 **Bald** wird niemand mehr auf diesen Luxus verzichten müssen. (**morgen, bereits, nächstens**)
6 Ich habe dich **immer** vor diesem Mann gewarnt. (**stets, ewig, wieder**)
7 Du bist mir zuvorgekommen. Ich wollte dich **gerade** anrufen. (**augenblicklich, soeben, gegenwärtig**)
8 Diese gemeinsame Reise werden wir **nie** vergessen. (**immer, erst, niemals**)
9 **Anfangs** fühlten sie sich in der fremden Stadt nicht wohl. (**zuerst, zuletzt, zuvor**)
10 Als sie aus dem Urlaub zurückkam, hatte er **inzwischen** die Wohnung renoviert. (**soeben, immerzu, unterdessen**)

score: ... × 10 =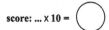

c) **Fill in the gaps with *hin* or *her*.**

Herr Krüger muß zum Zahnarzt gehen, denn er hat
fürchterliche Zahnschmerzen. Wie die meisten Menschen
geht er nicht gern dort... **(1)**. Telefonisch macht er einen
Termin aus. "Kommen Sie doch sofort **(2)** ...", schlägt die
Arzthelferin vor. In seiner Not akzeptiert Herr K. den Termin,
geht die Treppe **(3)** ...unter und aus dem Haus **(4)** ...aus. Mit
zitternden Knien steigt er beim Zahnarzt die Stufen **(5)** ...auf.
In der Praxis klopft er an die Tür der Anmeldung. "Kommen
Sie doch **(6)** ...ein", ruft die fröhliche Assistentin. Herr K.
geht **(7)** ...ein, und die Frau füllt seine Papiere aus. "Setzen
Sie sich bitte einen Moment **(8)** ..., es wird nicht mehr lange
dauern." Zehn Minuten später geht er hinter ihr **(9)** ... zum
Sprechzimmer. Der Zahnarzt kommt schon **(10)** ...aus und
begrüßt ihn.

score: ... × 10 =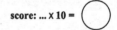

d) **Fill in the gaps with *viel* or *sehr*.**

Er ist **(1)** ... humorvoll und hat **(2)** ... Esprit. Er trinkt **(3)** ...
und ißt **(4)** ... gern. Außerdem ist er ein **(5)** ... guter Koch, der
sich **(6)** ... Zeit für die Küche nimmt. Es gefällt mir **(7)** ...,
mich mit ihm über Rezepte zu unterhalten. Wie ich
interessiert er sich **(8)** ... für Reisen und Kunst. Ich mag es **(9)**
..., mit ihm in Ausstellungen zu gehen. Meistens haben wir
(10) ... Spaß zusammen.

score: ... × 10 =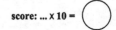

e) Replace the expression in bold type by one of the adverbs below.

überhaupt nicht — tatsächlich — vorsichtshalber — bestimmt — absichtlich — glücklicherweise — wenig — beinahe — versehentlich — bestenfalls.

1 Ich verdiene **nicht viel** Geld.
2 **Zum Glück** habe ich eine neue Arbeit gefunden.
3 **Im besten Fall** wird er freigesprochen.
4 Ich wäre **fast** hingefallen.
5 **Aus Versehen** hat er mein Buch eingesteckt.
6 Er kommt **sicherlich.**
7 Sie hat die peinliche Frage **mit Absicht** gestellt.
8 **Aus Vorsicht** hat er nicht den Wagen sondern den Zug genommen.
9 Ich habe **gar nicht** daran gedacht.
10 Sie hat **in der Tat** diesen Vorschlag gemacht.

score: ... x 10 = 〇

f) Translate the following.

1 She is growing up more quickly than her brother.
2 Your behaviour is becoming more and more disagreeable.
3 I like drinking Coca-Cola, but I prefer mineral water.
4 Could you **(Sie)** express yourself a little more simply?
5 I travel more than my brother does, but my sister travels the most.
6 You **(du)** could at least have telephoned.

7 She speaks Spanish well, but she handles
   (beherrschen) German even better.
8 He prepared **(sich vorbereiten)** thoroughly **(bestens)**
   for his exam.
9 The more the better.
10 I am staying three days at most.

score: ... × 5 =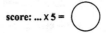

7 Conjugation of Verbs

A Weak Verbs

a) Give the correct form of the verb, first in the present, then in the imperfect.

Unzufriedene Mieter

1 Ihr Hund ... **(bellen)** die halbe Nacht.
2 Die jungen Leute ... **(putzen)** nie die Fenster.
3 Ihr ... **(machen)** die ganze Zeit Krach.
4 Ihre Tochter ... **(grüßen)** uns nicht.
5 Du ... **(erzählen)** Lügengeschichten über uns.
6 Niemand ... **(kehren)** den Gehweg.
7 Das Kind ... **(stören)** unsere Mittagsruhe.
8 Ihr ... **(rauchen)** im Treppenhaus.
9 Ich ... **(beschweren)** mich bei den Vermietern.
10 Wir ... **(holen)** die Polizei.

score: ... × 5 =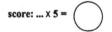

b) Rewrite these newspaper headlines as complete sentences, using the perfect tense.

1 Gewerkschaften fordern 35-Stunden-Woche
2 UN protestiert gegen US-Intervention in Panama
3 Iran droht mit Sanktionen gegen EG

4 Kohl: "Wir erfüllen unsere Versprechen."
5 USA stoppen ihre Atomversuche
6 Situation der Entwicklungsländer verschlechtert sich
7 Tausende feiern Fall der Mauer
8 BRD liefert U-Boote an Südafrika
9 Israel verweigert Verhandlungen mit den Palästinensern
10 Stürme zerstören zahlreiche Dächer

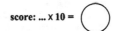

score: ... × 10 = ◯

c) **Replace the infinitive in brackets with the appropriate form of the present tense.**

Wieviel Geld (1) ... **(wechseln)** Sie für die Reise nach Argentinien?
Ich (2) ... **(wechseln)** 5000 DM in Dollars.
(3) ... **(handeln)** Sie mit dem Bankangestellten wegen des Umtauschkurses?
Selbstverständlich, zuerst (4) ... **(plaudern)** wir ein wenig, dann (5) ... **(verhandeln)** ich über bessere Konditionen.
Wenn er ablehnt, (6) ... **(erwidern)** ich ihm, daß ich ein langjähriger Kunde bin. Und außerdem (7) ... **(fordern)** ich ja keine Almosen, sondern ein besseres Geschäft.
(8) ... **(verändern)** sich die wirtschaftlichen Bedingungen unter der neuen argentinischen Regierung?
Ich (9) ... **(bedauern)**, aber im Moment bin ich nicht auf dem laufenden. Jedoch (10) ... **(zweifeln)** ich am Erfolg der geplanten Sparpolitik.

score: ... × 10 = ◯

d) Put the verbs in the appropriate tense.

Vorwürfe:

Seit einer Stunde (1) ... **(reden)** du ohne Unterbrechung!
(2) ... **(atmen)** du eigentlich? Letzte Woche (3) ... **(rechnen)**
ich mit deiner Hilfe, aber ich habe vergeblich (4) ... **(warten)**.
Du bist gegangen und hast dich nicht einmal (5) ...
(verabschieden).
Ihr (6) ... **(melden)** euch immer dann, wenn ihr Geld braucht.
Du rauchst wie ein Schlot. Das (7) ... **(schaden)** deiner
Gesundheit.
Du tanztest mir auf der Nase herum und (8) ... **(testen)** meine
Nerven.
Ihr (9) ... **(arbeiten)** nur, wenn ihr Lust hattet. Und jetzt (10)
... **(fürchten)** ihr, nicht rechtzeitig fertigzuwerden.

score: ... x 10 = ◯

B Strong Verbs

a) What is the infinitive of the verb in bold type?

1 Beim Spaziergang an der Küste **bläst** ihm der Wind ins
   Gesicht.
2 Der Sieger **hält** stolz den Pokal in die Höhe.
3 Der Film **fängt** um halb acht **an.**
4 Der Gärtner **gräbt** das Beet **um.**
5 Um wieviel Uhr **triffst** du dich mit Stefan?
6 Der Politiker **verspricht** das Blaue vom Himmel.
7 Der Arzt **rät** ihm, weniger zu rauchen.
8 Du **brichst** dir noch ein Bein, wenn du nicht aufpaßt!

9   Ich **darf** keine Schokolade essen.
10 Vater **liest** laut aus der Zeitung **vor**.

score: ... x 10 = ◯

b) **The following verbs change the vowel of their infinitive
stem in the 2nd and 3rd person singular. Put a cross in the
column which shows this vowel change.**

	ie	i	a	ä	äu
1 essen					
2 dürfen					
3 geschehen					
4 lassen					
5 laufen					
6 lesen					
7 mögen					
8 nehmen					
9 tragen					
10 treffen					

score: ... x 10 = ◯

c) Fill in the gaps using the present tense of *sein, haben* or *werden*.

1 Herzlichen Glückwunsch zum Geburtstag! Wie alt ... du heute eigentlich?
2 Kannst du mir einen Pullover leihen? Mir ... kalt.
3 Stellt bitte das Radio leiser! Ich ... ganz verrückt bei dem Lärm.
4 Er ... erst fünf Jahre alt und kann schon seinen Namen schreiben.
5 Könnten Sie uns bitte vorlassen, wir ... es eilig.
6 Nach dieser langen Wanderung ... ihr sicher durstig.
7 Ich ... keine Lust, ins Kino zu gehen.
8 Es hat schon im November geschneit. Dann ... der Winter sicherlich sehr kalt.
9 Michael kann heute abend nicht kommen, er ... einen starken Schnupfen.
10 Bitte störe mich nicht, ich ... gerade dabei, einen Brief zu schreiben.

score: ... × 10 =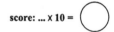

d) Put the verbs in brackets into the perfect tense.

Die Gäste (1) ... (lesen) aufmerksam die Speisekarte. Sie (2) ... (beschließen), sich nach dem Tagesgericht zu erkundigen. Der Ober (3) ... (empfiehlt) es ihnen. Daraufhin (4) ... (geht) er in die Küche und (5) ... (gibt) dem Koch die Bestellung. Nach einer Stunde (6) ... (kommt) das Essen immer noch nicht. Die Gäste (7) ... (sprechen) ärgerlich mit dem Kellner. Dieser (8) ... (verschwindet) in der Küche. Nach einer weiteren halben Stunde (9) ... (steht) das Essen auf dem Tisch, leider das falsche. Inzwischen (10) ... (trinken) die

Gäste schon die zweite Flasche Wein. Ein Herr (11) ... **(ruft)** wütend nach dem Wirt. Der Kellner (12) ... **(schwört)**, unschuldig zu sein und (13) ... **(schiebt)** die Schuld auf den Koch. Sie (14) ... **(streiten)** sich eine Weile. Der Wirt (15) ... **(sieht)** sich schließlich veranlaßt, sich bei den Gästen zu entschuldigen und (16) ... **(befiehlt)** dem Kellner, ihnen Champagner und einen Nachtisch auf seine Kosten zu bringen. Daraufhin (17) ... **(bleiben)** die Gäste noch eine Weile und (18) ... **(genießen)** die Gastfreundschaft des Wirtes. Auch wenn sie erst spät (19) ... **(essen)**, (20) ... **(nehmen)** sie den Kellner dem Wirt gegenüber in Schutz.

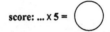

score: ... × 5 =

e) Put the verbs in brackets into the imperfect.

Mein Großvater erzählt von seiner Kindheit.

Früher (1) ... **(sein)** das Leben ganz anders als heute; die Zeit (2) ... **(vergehen)** langsamer. Es (3) ... **(geben)** keine Autos, und wer es sich leisten (4) ... **(können)**, der (5) ... **(fahren)** mit einer Kutsche. Die Familie (6) ... **(besitzen)** eine größere Bedeutung als heute, oft (7) ... **(befinden)** sich mehrere Generationen in einem Haus. Auch (8) ... **(unterscheiden)** sich die Erziehung von der heutigen. Meine Schwestern (9) ... **(gehen)** zwar auch zur Schule, aber keine von ihnen (10) ... **(bleiben)** bis zum Abitur. Sie (11) ...**(sein)** keineswegs dümmer, aber früher (12) ... **(gehen)** fast nur Jungen auf ein Gymnasium oder zur Uni. Die Frauen (13) ... **(bekommen)** früh Kinder und (14) ... **(erziehen)** sie. Unsere Gouvernante (15) ... **(kommen)** aus Frankreich, mit ihr (16) ... **(sprechen)** wir nur Französisch. Auch heute noch kann ich mich recht

gut in dieser Sprache unterhalten. Meistens **(17)** ... **(essen)**
wir mit den Dienstmädchen in der Küche. Meine Eltern **(18)**
... **(bestehen)** darauf, ungestört zu sein. Als wir noch klein
waren, **(19)** ... **(schlafen)** wir alle in einem Zimmer, in dieser
Zeit **(20)** ... **(ersinnen)** wir so manchen Unsinn. Wir **(21)** ...
(streiten) uns übrigens erstaunlich wenig. Während der
Sommerferien **(22)** ... **(bringen)** uns die Eltern zu
Verwandten ans Meer. Wir **(23)** ... **(schwimmen)**
leidenschaftlich gern und **(24)** ... **(wissen)** uns auch an
Regentagen immer zu beschäftigen. Bei fünf Geschwistern
(25) ... **(werden)** es nie langweilig.

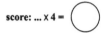

score: ... × 4 =

f) **Rewrite these sentences in the imperfect.**

1 Die Autoindustrie wirbt mit umweltfreundlichen Autos.
2 Die Regierung belügt das Volk seit vielen Jahren.
3 Sie verzeiht ihm seine Verspätung.
4 Die Hausfrau hängt die Wäsche auf die Leine.
5 Der Hund beißt den Briefträger ins Bein.
6 Wann gewinnt er mit seiner Mannschaft im Fußball?
7 Meine Großmutter hebt alle alten Fotos auf.
8 Ich empfehle dir, unbedingt dieses Buch zu lesen.
9 In dem Garten wachsen viele verschiedene Blumen.
10 Das Volk zwingt die Regierung, mit Reformen zu
   beginnen.
11 Die Touristen braten in der Sonne.
12 Das Museum schließt leider schon um 15 Uhr.
13 Bei schönem Wetter sitzen die Gäste auf der Terrasse.
14 Der Politiker stirbt kurz nach dem schrecklichen
   Attentat.

15 Ich schwimme jeden Tag 1000 Meter.

16 Im Sommer leiden viele Menschen an Heuschnupfen.

17 Er leiht sich in der Bibliothek einen neuen Roman von Eco aus.

18 Es gelingt mir nicht, ihn telefonisch zu erreichen.

19 Du scheinst mal wieder nichts verstanden zu haben.

20 Der Dollarkurs sinkt um 3 Pfennige.

21 Es tut mir leid, daß ich deinen Geburtstag immer vergesse.

22 Der Schnee schmilzt in diesem Jahr früher als erwartet.

23 Der Gärtner gräbt ein tiefes Loch, um einen Baum zu pflanzen.

24 An dieser Kreuzung geschehen immer wieder Unfälle.

25 Es heißt, er sei nach Hamburg gezogen.

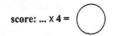

score: ... x 4 =

C Irregular Weak Verbs

a) Put the verbs in brackets into the present tense.

Peter raucht noch eine Zigarette, dann schläft er ein. Plötzlich wacht er auf. Diesen Geruch (1) ... **(kennen)** er als Feuerwehrmann nur zu gut. Er vergaß, die Zigarette auszumachen, jetzt (2) ... **(brennen)** sein Bett. Er weckt seine Frau, sie (3) ... **(rennen)** zur Tür. Peter ruft die Kollegen an, (4) ... **(nennen)** kurz seinen Namen und die Adresse. Er (5) ... **(bringen)** noch ein paar Habseligkeiten in Sicherheit und (6) ... **(denken)** auch daran, den Gasofen auszustellen. Als er sich zur Tür (7) ... **(wenden)**, (8) ... **(senden)** er noch ein kurzes

Stoßgebet gen Himmel. Er **(9)** ... **(rennen)** auf die Straße und sagt zu seiner Frau, die ihn entsetzt ansieht: "Sag lieber nicht, was du gerade **(10)** ... **(denken)**!"

score: ... x 10 =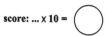

b) **Form sentences in the perfect. Be careful: two of the verbs are not irregular weak verbs.**

Was hat die Sekretärin gestern gemacht?

1 dem Chef Kaffee bringen
2 sich an den Personalrat wegen der Kündigung wenden
3 diverse Briefe absenden
4 an die Einladungen zum Empfang denken
5 für den Chef zur Bank rennen
6 beim Kaffeekochen die Finger verbrennen
7 den Kunden einen Liefertermin nennen
8 sich nicht mit der Rechtschreibung auskennen
9 die Arbeit erst spät beenden
10 einige Wörter falsch trennen

score: ... x 10 =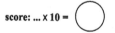

c) **Rewrite these sentences in the imperfect tense. Be careful: two of the verbs are not irregular weak verbs.**

1 Trotz der roten Ampel rennt das Kind über die Straße.
2 Beim Autofahren blendet ihn die Sonne.
3 Die Lehrer bringen uns viel Unnützes bei.

4 Kennt ihr den neuen Freund von Susanne schon?

5 Sie senden uns viele Grüße aus dem Urlaub.

6 Der Angeklagte nennt die Namen seiner Auftraggeber nicht.

7 Wir denken noch oft an euren Besuch zurück.

8 Sie brennt darauf, die Neuigkeiten zu erfahren.

9 Warum wendest du dich mit diesem Problem nicht an einen Fachmann?

10 Der Diktator zwingt die Bevölkerung zum Gehorsam.

score: ... × 10 =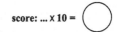

D The Perfect Tense with *haben* or *sein*

a) **Fill in the gaps with the correct form of *haben* or *sein*.**

Frau Müller (1) ... erst um 9 Uhr aufgewacht. Der Wecker (2) ... nicht geklingelt. Blitzschnell (3) ... sie aus dem Bett gesprungen, (4) ... ins Kinderzimmer gelaufen und (5) ... gerufen: "Schnell, schnell, wir (6) ... verschlafen!" Die Kinder (7) ... sich rasch gewaschen und angezogen. Währenddessen (8) ... Frau Müller schon das Frühstück vorbereitet. Herr Müller (9) ... zum Bäcker gegangen und (10) ... am Kiosk eine Zeitung gekauft. "Ich (11) ... gestern wohl zu lange wachgeblieben. Wir (12) ... einen interessanten Film im Fernsehen gesehen. Und ihr (13) ... zu lange in der Disco gewesen.", (14) ... sie zu ihren Kindern gesagt. Bevor Herr Müller in sein Büro gefahren (15) ..., (16) ... er die Kinder noch in die Schule gebracht. Obwohl sich alle an diesem Morgen beeilt (17) ..., (18) ... sie zu spät zur Schule gekommen. Vor Müdigkeit **(19)** ... Peter in der Schule eingeschlafen und **(20)** ... dafür eine Strafarbeit vom Lehrer bekommen.

score: ... × 5 =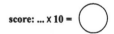

b) **Translate these sentences using the perfect tense.**

1 During the Easter holidays I went to Rome.
2 The father drove his children to school.
3 The robber disappeared through the window.
4 He jumped into the water.
5 He managed to mend his car.
6 When did the accident happen?
7 She has washed her hands.
8 On Sunday we went for a walk in the park.
9 She went to the United States for the first time.
10 We got up at 7 o'clock.

score: ... × 10 =

c) **Rewrite these sentences using the perfect tense.**

1 Nach vielen Jahren zieht Familie Hornberg aus ihrer Wohnung aus.
2 Der Junge schwimmt quer durch den Teich, um seine Ausdauer zu testen.
3 Entgegen der Vorhersage ist das Wetter heute sehr wechselhaft.

4 Der Zug aus München trifft heute mit zehnminütiger Verspätung ein.

5 Schade, daß die Tulpen so schnell verblühen!

6 Die alte Dame zieht den bellenden Hund hinter sich her.

7 Heute nachmittag treffe ich einen alten Schulfreund.

8 Von der Hitze erschöpft, schläft das Kind in den Armen der Mutter ein.

9 Mit ihrer neuen Liebe tanzt sie die ganze Nacht.

10 In den Ferien schläft er jeden Morgen bis 10 Uhr.

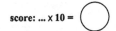

E The Pluperfect

a) The pluperfect is formed and used in exactly the same way as the perfect. Complete, using the pluperfect:

Der arme Peter Schlemihl (1) ... ziemlich naiv gewesen, indem er dem Mann im grauen Rock seinen Schatten verkauft (2) ... . Zwar (3) ... er den Glücksäckel Fortunati bekommen, aber wo er auch hingereist (4) ..., (5) ... jeder Angst vor ihm gehabt. Als er die fatale Einladung angenommen (6) ... und zum Landhaus des Herrn Thomas John geritten (7) ... (8) ... er ein Glas Wein getrunken und (9) ... in den Garten gegangen. Da (10) ... der Mann im grauen Rock plötzlich erschienen und der Umtausch (11) ... gemacht worden. Der Mann im grauen Rock (12) ... den Schatten ausgeschnitten, ihn zusammengerollt, (13) ... dann aufgestanden, (14) ... den Schatten in die Tasche gesteckt und (15) ... bald im Rosengebüsch verschwunden. "Was nützt mir eigentlich ein Schatten?" (16) ... sich Peter gefragt, aber nachdem er in

seinen Siebenmeilenstiefeln durch die ganze Welt gelaufen
(17) ... und alle Leute in Wut geraten **(18)** ... und ihn
angeschrieen und rausgeworfen **(19)** ..., **(20)** ... ihm die
Antwort endlich eingefallen: Man darf nicht anders sein.

(nach Chamisso)

score: ... x **5 =** 〇

8 Separable and Inseparable Verbs

A Separable Verbs

a) Translate the following.

1 We arrive in Hamburg at 3 o'clock.
2 We're picking you (**du** plural) up at the station.
3 He is giving up smoking because he is ill.
4 During the holidays I go out every evening.
5 She's inviting her friends to celebrate her exam results (**ihr Examen**).
6 He never listens to me when I speak to him.
7 The director is presenting his new film
8 He is returning the books that I lent him.
9 The family is moving into a bigger flat.
10 The sun sets behind the mountains.

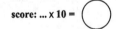

score: ... × 10 =

b) Form sentences, using the imperfect.

Was machte Frau Hofmann gestern?

1 Kinder aufwecken
2 Frühstück vorbereiten
3 Geschirr abwaschen
4 Obst und Gemüse einkaufen

  5 Kinder in der Schule abliefern
  6 Geld von der Bank abheben
  7 Paket nach England absenden
  8 Wohnung aufräumen
  9 die Kinder ausziehen
  10 den Ehemann rauswerfen.

score: ... × 10 =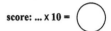

c) **Ask questions, using the perfect tense.**

Vor dem Urlaub

Example: Bücher in die Bibliothek zurückbringen
Hast Du die Bücher in die Bibliothek
zurückgebracht?

  1 Reiseführer durchlesen
  2 Landkarte mitnehmen
  3 Paß einstecken
  4 Hund wegbringen
  5 Koffer aufgeben
  6 Kühlschrank abschalten
  7 Terrassentür zuschließen
  8 Fotoapparat umhängen
  9 Alarmanlage anstellen
  10 Schlüssel beim Nachbarn abgeben

score: ... × 10 =

d) Rewrite these sentences in the perfect tense.

1 Der Zug fährt um 16 Uhr ab.
2 Die Frau deckt das schlafende Kind zu.
3 Sie nehmen ihm die Zeitung weg.
4 Der Film fängt in zehn Minuten an.
5 Wir denken über euren Vorschlag nach.
6 Schneidest du mir eine Scheibe Brot ab?
7 Er reißt den Faden durch.
8 Ich komme gleich zurück.
9 Er stellt mir seinen Kollegen vor.
10 Die Rose blüht auf.

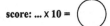

score: ... x 10 =

B Inseparable Verbs

a) Fill in the gaps with the verb in the present tense.

Graffiti

1 Umwege *(detours)* ... **(erweitern)** die Ortskenntnis.
2 Wer nichts weiter tut, als Geld verdienen *(make money)*, der ... **(verdienen/*deserve*)** auch nichts weiter als Geld.
3 Komiker aller Länder ... **(vereinigen)** euch!
4 Nehmt euch das Leben - es ... **(gehören)** euch!
5 Wir ... **(ersetzen)** die Lösung *(solution)* durch eine Losung *(slogan)*.
6 Am Montag fühle ich mich immer wie Robinson Crusoe: ich ... **(erwarten)** ungeduldig den Freitag.

   7 Ich ... **(verlieren)** nie die Wut *(rage; der Mut/courage)*.
   8 Plötzliche Gebete ... **(erschrecken)** den lieben Gott.
   9 Wer sich nicht ... **(bewegen)**, spürt auch seine Ketten *(chains)* nicht.
  10 Wer zuletzt lacht ... - ... **(verstehen)** den Witz nicht.

score: ... x 10 = ( )

b) **Form sentences as in the example, putting the verb in the imperfect.**

Kommunalpolitik

Example: den Park vergrößern
          Man vergrößerte den Park.

   1 den Autolärm bekämpfen
   2 ein Kulturhaus errichten
   3 den Verkehr in der Innenstadt verbieten
   4 die Fußgängerzone erweitern
   5 ein Straßenfest veranstalten
   6 einen Plan für mehr Radwege entwerfen
   7 Bürgerinitiativen befragen
   8 neue Müllkonzepte entwickeln
   9 Ausländern das kommunale Wahlrecht versprechen
  10 den Bau neuer Sozialwohnungen beschließen

score: ... x 10 = ( )

c) Form sentences as in the example, putting the verb in the perfect tense.

Example: Wir verstehen euch ja!
        Bis jetzt **hat** uns noch niemand **verstanden.**

  1 Wir erklären euch alles! Bis jetzt ... uns noch niemand etwas ...!

  2 Ich benachrichtige dich! Bis jetzt ... mich noch niemand ... .

  3 Sie entschuldigen sich bei euch. Bis jetzt ... sich noch niemand bei uns ... .

  4 Wir erlauben euch alles. Bis jetzt ... uns noch niemand etwas ... .

  5 Ihr gewinnt bestimmt im Lotto. Bis jetzt ... wir noch keinen Pfennig ... .

  6 Du mißverstehst mich immer! Bis jetzt ... ich dich noch nie ... .

  7 Sie unterschreiben den Vertrag. Bis jetzt ... noch niemand etwas ... .

  8 Du zerbrichst das Glas! Bis jetzt ... ich überhaupt nichts ... .

  9 Du vergißt immer alles! Bis jetzt ... ich noch nie etwas ... .

10 Man beschließt Maßnahmen gegen den Rassismus. Bis jetzt ... man noch gar nichts ...!

score: ... × 10 = ◯

d) Form sentences as in the example.

Example: die Unterstützung der Forderung
          Man hat die Forderung unterstützt.

1 die Beobachtung des Planeten
2 die Überweisung der Gelder
3 die Übertreibung der Geschichte
4 der Überfall auf das Juweliergeschäft
5 die Überquerung des Atlantiks
6 die Unterdrückung von Minderheiten
7 die Bewunderung für den Künstler
8 das Verbot der Demonstration
9 die Genehmigung der Reise
10 die Zerstörung der Umwelt

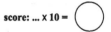

score: ... × 10 =

C Separable or Inseparable?

**a) Underline the syllable of the verb where the accent should
fall and form a sentence in the present tense.**

Example: wir/den Plan <u>durch</u>führen — Wir führen den Plan
        durch
        ich/das Kind um<u>ar</u>men — Ich umarme das Kind.

1 du/den Fehler übersehen
2 er/das Glas vollgießen
3 das Faß/überlaufen
4 wir/den Satz wiederholen
5 die Sonne/im Meer untergehen

6 er/sich gut unterhalten
7 du/der Behauptung widersprechen
8 er/das 40. Lebensjahr vollenden
9 die Studentin/mir das Buch wiederbringen
10 dieser Artikel/die Situation widerspiegeln

score: ... × 10 =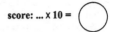

b) Complete these sentences with the past participle.

1 Er hat oft genug ... **(wiederholen)**, daß er nicht
   einverstanden ist.
2 Wir haben das Problem ... **(umgehen)**, weil es zu
   kompliziert ist.
3 Der Politiker hat das Gesetz ... **(übertreten)**, deshalb
   sitzt er im Gefängnis.
4 Wir haben uns auf vegetarische Ernährung ...
   (umstellen).
5 Das Kind hat den Ball ... **(wiederholen)**.
6 Ich habe dir nie ... **(unterstellen)**, daß du
   opportunistisch bist.
7 Ich bin mit den kostbaren Gläsern vorsichtig ...
   (umgehen).
8 Sie ist zum Protestantismus ... **(übertreten)**.
9 Während des Regens habe ich mich unter dem Baum ...
   (unterstellen).
10 Die Polizei hat die Bank ... **(umstellen)**.

score: ... × 10 =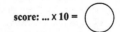

c) Fill in the gaps with the correct part of the verb.

Es passierte im Urlaub. Die Sonne war schon **(1)** ...
(untergehen), und wir **(2)** ... **(durchfahren)** eine herrliche
Allee.
Der Verkehr wurde **(3)** ... **(umleiten)**, aber meine Frau
(4) ... **(übersehen)** das Hinweisschild, so daß wir uns
hoffnungslos verfuhren. Deshalb sagte ich zu ihr: "Wir
(5) ... **(unterkommen)** jetzt wohl in keinem Hotel mehr,
wir **(6)** ... **(umdrehen)** vielleicht besser."
Dann **(7)** ... **(übernehmen)** ich das Steuer. Wir befanden uns
in einer völlig einsamen Gegend, als uns das Wetter
(8) ... **(überraschen)**. Es **(9)** ... **(umschlagen)** ganz plötzlich.
Ein dichter Nebel **(10)** ... **(umgeben)** uns, und man
konnte kaum noch die Hand vor den Augen sehen. Wie aus
dem Nichts **(11)** ... **(auftauchen)** auf der Straße ein
merkwürdiges Fahrzeug, das sehr breit, rund und hoch war.
Ich **(12)** ... **(überlegen)**, was zu tun sei. Da ich nicht
überholen konnte, **(13)** ... **(anhalten)** ich und **(14)** ...
(aussteigen). Da **(15)** ... **(überstürzen)** sich die Ereignisse ... .
Nach dem Urlaub **(16)** ... **(wiedersehen)** ich meinen Freund,
dem ich sofort meine Geschichte **(17)** ... **(unterbreiten)**.
Denn solche Dinge **(18)** ... **(durchleben; present)** man ja
nicht alle Tage. Die Erklärung meines Freundes für mein
Erlebnis war recht einfach: "Vielleicht hast du dich in letzter
Zeit **(19)** ... **(überarbeiten)** und dich auch im Urlaub **(20)** ...
(überanstrengen). Weißt du, ich **(21)** ... **(unterstellen)** dir
nichts, aber am besten **(22)** ... **(durchsprechen)** du dein
Erlebnis mit deinem Psychiater. Außerdem hast du in letzter
Zeit viele Science-Fiction-Filme **(23)** ... **(ansehen)**. Vielleicht
(24) ... **(unterlassen)** du das besser eine Weile, um deine
Nerven zu beruhigen." Nun - mein Psychiater **(25)** ...
(widersetzen) sich meiner Geschichte nicht. Auch er war
schon einmal Außerirdischen begegnet.

score: ... x 4 = ⬭

9 Verbs: Revision Exercises

a) **Complete the table below.**

Infinitive	Present	Imperfect	Perfect
(1)	er mag	(2)	(3)
finden	(4)	(5)	(6)
(7)	(8)	(9)	er hat gegeben
(10)	(11)	er fuhr	(12)
laufen	(13)	(14)	(15)
(16)	er bittet	(17)	(18)
(19)	(20)	(21)	er hat gelesen
(22)	(23)	er nahm	(24)
(25)	er sitzt	(26)	(27)
treffen	(28)	(29)	(30)
(31)	(32)	er stand auf	(33)
(34)	(35)	(36)	er hat gegessen
(37)	er ist	(38)	(39)
sich anziehen	(40)	(41)	(42)
(43)	(44)	er wurde	(45)
rufen	er ruft	(46)	(47)
(48)	(49)	(50)	er ist gekommen

score: ... × 2 = ⬭

b) Tell the story in the present tense.

Ein Mann mit dem weißen Kittel **(1)** ... **(schreiben)** Zahlen
auf das Papier. Er **(2)** ... **(notieren)** ganz kleine zarte
Buchstaben dazu. Dann **(3)** ... **(ausziehen)** den weißen Kittel
und **(4)** ... **(pflegen)** eine Stunde lang die Blumen auf der
Fensterbank. Wenn er **(5)** ... **(sehen)**, daß eine Blume tot ist,
(6) ... **(werden)** er sehr traurig und **(7)** ... **(weinen)**. Und auf
dem Papier **(8)** ... **(stehen)** die Zahlen.
Danach **(9)** ... **(können)** man mit einem halben Gramm in
zwei Stunden tausend Menschen totmachen. Die Sonne **(10)**
... **(scheinen)** auf die Blumen. Und auf das Papier.

(nach Wolfgang Borchert: *Lesebuchgeschichten*)

score: ... x 10 = $\bigcirc$

c) Put the sentence into the perfect tense.

1   Wir verlaufen uns im Wald.
2   Die Ferien vergehen viel zu schnell.
3   Der Hund folgt mir schon den ganzen Tag.
4   Diese Woche gewinnt er im Lotto.
5   Warum trinkst du keinen Alkohol?
6   Ich schreibe meiner Großmutter zum Geburtstag.
7   Er hilft der alten Frau, die Straße zu überqueren.
8   Das Ehepaar streitet sich jeden Abend.
9   Ich bitte sie, mir zu folgen.
10 Er geht jeden Tag zu Fuß ins Büro.
11 Die Sekretärin sendet die Briefe ab.
12 Die Politiker antworten auf die Fragen der Reporter.
13 Sie beginnen um 8 Uhr zu arbeiten.

14 Ich denke noch oft an meine Kindheit zurück.
15 Das reife Obst hängt am Baum.
16 Wie lange dauert die Vorstellung?
17 Er hebt der Frau den Schlüssel auf.
18 Der Tennisspieler verliert auch dieses Spiel.
19 Der Beamte ordnet die Akten.
20 Ich kenne diese Person nicht.

score: ... × 5 =

d) Translate these sentences.

1 During the holidays he worked in a factory.
2 She got on to the bus.
3 I put my things on the table.
4 He lent me his car.
5 We offered them an aperitif.
6 The pupils stood up at the beginning of each class.
7 The children frightened their teachers.
8 The train arrived ten minutes late.
9 The sales assistant forgot to give the change.
10 They met every day in front of the university.

score: ... × 10 =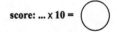

10 Modal Verbs

a) Fill in the gaps with *müssen, sollen, können* or *dürfen*.

1 Wenn wir den Zug nicht verpassen wollen, ... wir uns beeilen.
2 Sagen Sie ihrer Frau, sie ... mich morgen früh anrufen.
3 ... ich das schwarze oder das rote Kleid kaufen?
4 Ich ... mir noch einmal überlegen, ob sich diese Investition lohnt.
5 Ich habe dir doch schon hundert Mal gesagt, daß du dein Zimmer aufräumen ... .
6 Ich ... keinen Alkohol trinken, der Arzt hat es mir verboten.
7 ... ihr gut Tennis spielen?
8 Wir ... heute abend leider nicht kommen, unsere Tochter ist krank.
9 Bei Nebel ... Sir hier nur 50 km/h fahren.
10 ... ich vorstellen: Herr und Frau Sommer aus Hamburg.

score: ... × 10 =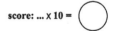

b) Select the appropriate modal verb.

      kann
1 Er **muß** täglich drei von diesen Tabletten nehmen.
      darf

      möchte

2 Ich **will** gern ein Stück Erdbeerkuchen.
      soll

    Darfst

3 **Sollst** du dir nicht einmal einen Vormittag
Kannst
freinehmen?

        soll

4 Angeblich **muß** er seine Frau nur wegen des
         will
Geldes geheiratet haben.

       muß

5 Peter **darf** heute leider nicht schwimmen gehen,
      möchte
er ist erkältet.

          können

6 Die Gewerkschaften **dürfen** dieses Jahr für die
           wollen
35-Stunden-Woche kämpfen.

            kann

7 Ein schönes Auto, aber bei meinem Gehalt **darf**
            soll
ich es mir leider nicht leisten.

        dürften

8 Für morgen abend **sollten** wir bessser einen
       müßten
Tisch im Restaurant reservieren.

9 Wenn man Auto fahren will, **soll**
   möchte man nur
   darf
   wenig Alkohol trinken.

10 Wer sich für eine Stelle in Afrika bewirbt, **darf**
   kann
   muß
   tropentauglich sein.

score: ... x 10 = ◯

c) **Fill in the gaps with a modal verb.**

Nachdem was du mir erzählt hast, **(1)** ... ich gut verstehen,
daß du mit diesem Mann nicht länger zusammenleben **(2)** ... .
Auf Wunsch des Chefs **(3)** ... der Grafiker ein neues
Werbeplakat entwerfen.
Während des Fastenmonats **(4)** ... die Mohammedaner vor
Sonnenuntergang nichts essen.
Der FC Bayern München **(5)** ... dieses Spiel gewinnen, um
Deutscher Meister zu werden.
(6) ... du dir vorstellen, in Bayern zu leben?
Wir **(7)** ... nur kommen, wenn wir einen Babysitter finden.
(8) ... du lieber klassische oder moderne Musik hören?
Nach der Operation **(9)** ... er zwei Monate lang keinen Sport
betreiben.
Meiner Meinung nach **(10)** ... *(imperfect subjunctive)* du in
dieser Sache mal einen Fachmann konsultieren.

score: ... x 10 = ◯

d) **Put the modal verbs into the imperfect tense.**

Herr Dahm **(1) will** sich ein neues Auto kaufen. Sein altes **(2) kann** er nicht mehr reparieren lassen. Der neue Wagen **(3) soll** wenig Benzin verbrauchen, und er **(4) muß** ein Schiebedach haben. Er **(5) darf** natürlich auch nicht zu teuer sein, denn Herr Dahm **(6) muß** noch die Schulden von seinem Haus abtragen. Seit seine Frau nicht mehr arbeitet, **(7) können** sie sich nicht mehr so viel leisten. Frau Dahm **(8) darf** auch ihre Wünsche äußern: Das neue Auto **(9) soll** einen großen Kofferraum haben, denn sie **(10) wollen** im Sommer mit der ganzen Familie nach Italien fahren.

score: ... × 10 =

e) **Translate the following sentences using the most suitable modal verb.**

1 He's very familiar with Japanese.
2 I can't come this evening, I've got a problem.
3 People say he's rich.
4 You **(du)** mustn't annoy your sister all the time.
5 That's what I was going to say too.
6 Let's wait and see how he reacts.
7 Do you **(Sie)** like the sculptures by Henry Moore?
8 I'd like to smoke a cigarette now.
9 You **(du)** are not allowed to park here.
10 You **(du)** don't have to take part in this seminar.

score: ... × 10 =

11 The Imperative

a) Give orders to your friend Willi.

Example: Willi trinkt zu viel. — Trink nicht so viel!

Unzufrieden mit Willi

1 Willi raucht zu viel,
2 ißt zu schnell,
3 wird zu schnell ungeduldig,
4 ist zu verfressen,
5 fährt zu schnell,
6 hat zu viele Ansprüche,
7 gibt zu viel Geld aus,
8 schläft zu lange,
9 entschuldigt sich zu oft,
10 leidet zu sehr unter seinen Fehlern.

score: ... x 10 = ◯

b) Give directions to a foreigner.

Example: die Hauptstraße verlassen — Verlassen Sie die Hauptstraße!

Wegbeschreibung

1 geradeaus fahren
2 an der dritten Ampel scharf rechts abbiegen
3 auf der rechten Seite bleiben

4 an der großen Tankstelle vorbeifahren
5 an der zweiten Kreuzung aufpassen
6 in der Nähe des Parks halten
7 dort am besten einen Parkplatz suchen
8 lieber zu Fuß weitergehen
9 den Park durchqueren
10 dort besser noch einmal fragen

score: ... × 10 =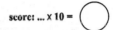

c) Form commands as shown in the example.

Example: Bitte aufhören zu rauchen! — Hören Sie bitte auf
zu rauchen!

Im Flugzeug

1 Bitte die Sitze senkrecht stellen!
2 Bitte das Handgepäck verstauen *(to pack)*!
3 Bitte anschnallen!
4 Bitte das Rauchen einstellen!
5 Bitte die Instruktionen für Notfälle durchlesen!
6 Bitte den Anweisungen *(instructions)* der Besatzung
folgen!
7 Bitte die Notausgänge freilassen!
8 Bitte die Schwimmwesten anziehen!
9 Bitte die Zollerklärung ausfüllen!
10 Bitte vorn aussteigen!

score: ... × 10 = ◯

d) Form commands as shown in the example.

Example: mehr Kindergärten bauen — Baut mehr
Kindergärten!

Eine Demonstration zum Internationalen Frauentag

1 Männern und Frauen gleiche Löhne zahlen
2 mehr Frauenquoten einführen
3 mehr Krippenplätze einrichten
4 mehr Ganztagsschulen schaffen
5 Frauenlisten zur Wahl aufstellen
6 Frauen mehr Aufstiegschancen geben
7 Hausarbeit und Kindererziehung aufwerten
8 aufhören, die Abtreibung *(abortion)* zu kriminalisieren
9 mehr Teilzeitarbeit ermöglichen
10 die Frauenzentren unterstützen

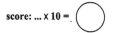

score: ... x 10 =

**e) Fill in the gaps with the appropriate verb in the
imperative (singular or plural).**

1 Kinder, es ist zu warm hier, ... das Fenster.
2 Meine Kleine, ... keine Angst. Der Hund beißt nicht.
3 Ihre Schrift kann kein Mensch lesen. ... bitte deutlich!
4 Gute Nacht, schlaf gut und ... süß!
5 ... bitte lauter, ich verstehe Sie sonst nicht.
6 ... mir nicht böse. Aber ich muß Ihnen widersprechen.
7 Du hast Lust, ihn zu sehen, ... ihn doch einfach zu
   kommen.

8 Wir haben euch schon so oft eingeladen. ... doch
   endlich.
9 Peter und Michael, ich bin noch nicht fertig. Bitte ...
   noch einen Moment auf mich.
10 Du weißt doch, er ist unzuverlässig. ... nicht mit seiner
   Hilfe.

score: ... × 10 =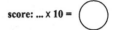

12 The Passive

a) Here is a recipe for *"Semmelknödel"*. Try this Bavarian recipe but first of all put it into the present passive.

Example: Butter in einer Pfanne zerlassen — Butter wird ... zerlassen.

1 10-12 alte Brötchen in sehr dünne Scheiben schneiden
2 das Ganze in einer Schüssel mit 0,25 l Milch übergießen
3 3 Eier hinzufügen
4 die Masse mit Salz und Muskat würzen
5 eine Zwiebel und Petersilie (ein Bund) feinhacken
6 Butter in einer Pfanne erhitzen
7 Zwiebeln und Petersilie in der zerlassenen Butter andünsten.
8 den Pfanneninhalt zum Brotteig geben
9 und alles gut vermischen
10 den Teig 20 Minuten zudecken
11 Salzwasser in einem breiten Topf zum Kochen bringen
12 aus dem Teig mit nassen Händen Knödel formen
13 die Knödel in das Salzwasser geben
14 die Knödel 15-20 Min. bei milder Hitze im Wasser lassen
15 die durchgezogenen Knödel aus dem Wasser nehmen.
16 und gut abtropfen
17 zu den Knödeln Braten oder Gulasch servieren
18 Unser Tip: Knödelreste in Scheiben schneiden
19 die Scheiben in Butter knusprig braten
20 das Ganze zu frischem Salat reichen.

score: ... x 5 =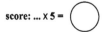

b) Here are a few historical facts. Form sentences using the imperfect passive.

Example: 1949: Gründung der DDR und der BRD
         1949 wurden die DDR und die BRD gegründet.

1 im 19. Jahrhundert: Industrialisierung Deutschlands
2 1848: Veröffentlichung des Kommunistischen Manifests von Karl Marx
3 1948/49: Niederschlagung der bürgerlichen Revolution in Deutschland
4 1871: Proklamation des Deutschen Reiches in Versailles
5 1918: Beendigung des Ersten Weltkrieges
6 1919: Ausrufung der Weimarer Republik
7 1933: Ernennung Hitlers zum Reichskanzler
8 1945: Abwurf der ersten Atombombe auf Hiroshima
9 1945: Sieg über Hitler-Deutschland
10 1949: Wahl Adenauers zum Bundeskanzler

score: ... × 10 =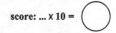

c) From the following newspaper headlines form complete sentences, first in the imperfect passive, then in the perfect passive.

Example: Berliner Mauer geöffnet
         — Die Berliner Mauer wurde geöffnet.
         — Die Berliner Mauer ist geöffnet worden.

1 Krenz zum Nachfolger Honeckers bestimmt
2 Honecker unter Arrest gestellt
3 De Maizière zum DDR-Ministerpräsidenten gewählt

   4 DM in der DDR eingeführt
   5 Attentat auf Lafontaine verübt
   6 Gesamtdeutsche Wahlen geplant
   7 Vaclav Havel in der BRD und der DDR empfangen
   8 Kohls Deutschlandpolitik von Polen kritisiert
   9 Brechts Grab von Neo-Nazis geschändet *(desecrated)*
 10 Koalitionsverhandlungen in Ost-Berlin abgeschlossen

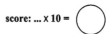

score: ... x 10 =

d) Put the following text into the passive. Watch out for the tenses.

  1 Auf ungewöhnliche Weise erinnerte man in der Genfer Tageszeitung *La Suisse* an den 150. Jahrestag einer Revolution in der Nachrichtentechnik.

  2 Man hatte den Leitartikel auf der ersten Seite einfach in Morseschrift verfaßt.

  3 Damit man verstehen konnte, worum es ging,

  4 druckte die Zeitung auch ein Morsealphabet und ein Porträt des Amerikaners Samuel Morse ab.

  5 Dieser hatte die aus Punkten und Strichen bestehende Schrift erfunden.

  6 Am 11. Januar 1838 hatte man erstmals ein Telegramm in dieser Schrift in Morristown bei New York auf den Weg geschickt.

  7 Mit diesem Ereignis hatte man laut *La Suisse* "das Zeitalter der Kommunikation" eröffnet.

  8 Früher verwendete man im Telegrafenverkehr ausschließlich das Morsealphabet.

  9 Und noch heute benutzt man es bei stark gestörten Verbindungen.

10 In der Schiffahrt gebraucht man den Hilferuf SOS in Morseschrift (kurz-kurz-kurz-lang-lang-lang-kurz-kurz-kurz).

score: ... × 10 = ◯

e) **Reformulate the City Council's proposals as in the example below.**

Example: Man will ein neues Theater bauen — Ein neues Theater **soll** gebaut werden.

1 Man will die Oper wiedereröffnen
2 ein Musikfestival veranstalten
3 die französische Partnerstadt einladen
4 ein internationales Kulturzentrum einrichten
5 eine Beauftragte für Frauenfragen ernennen
6 Ausländern das kommunale Wahlrecht geben
7 mehr Sozialwohnungen bereitstellen
8 die Sportanlagen erweitern
9 mehr Geld für Erwachsenenbildung ausgeben
10 eine Partnergemeinde in Frankreich suchen.

score: ... × 10 = ◯

f) Explain the meaning of the following adjectives using the present passive with the modal verb. The example below will help you.

Example: Was ist trinkbar? — Alles, was getrunken werden kann.

1 regulierbar
2 abwaschbar
3 kontrollierbar
4 unvergleichlich
5 trennbar

6 unüberschaubar
7 gut verdaulich
8 unverständlich
9 wiederverwertbar
10 unerklärlich

score: ... × 10 = ◯

13 The Future and Future Perfect

a) Make sentences as shown in the example.

Example: die Frau ihres Lebens im Urlaub kennenlernen
(Sie)
Sie werden die Frau ihres Lebens im Urlaub
kennenlernen.

Das Horoskop

1 im nächsten Monat beruflich erfolgreich sein **(er)**
2 Ende der Woche finanzielle Probleme haben **(ihr)**
3 später an einer mysteriösen Krankheit leiden **(sie)**
4 demnächst länger im Ausland leben **(ich)**
5 einen schweren Unfall verursachen **(du)**
6 viel Geld von einer Tante erben **(wir)**
7 im Sommer eine ereignisreiche Reise unternehmen
(ihr)
8 einen reichen und verständnisvollen Mann heiraten
(ich)
9 eine beachtliche berufliche Karriere machen **(Sie)**
10 bald eine folgenschwere Entdeckung machen **(er)**

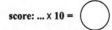

score: ... × 10 =

b) Make sentences as shown in the example.

Example: Fährst du in den Ferien weg?
Ich werde
wahrscheinlich/eventuell/vermutlich/vielleicht/
voraussichtlich in den Ferien wegfahren.

1 Fliegt ihr wieder mit dem Flugzeug?
2 Kommen die Kinder auch mit?
3 Verbringt ihr die Ferien in Spanien?
4 Mietest du ein Haus?
5 Machst du dort auch einen Sprachkurs?
6 Bleibt dein Bruder auch vier Wochen?
7 Ladet ihr Annas Mutter ein?
8 Könnt ihr mir eine Flasche Sherry mitbringen?
9 Fährst du auch nach Barcelona?
10 Nehmen die Kinder viel zu lesen mit?

score: ... x 10 = ◯

c) Answer the questions using the future perfect.

Example: Ist er noch ledig? **(wohl schon heiraten)**
Er wird wohl schon geheiratet haben.

1 Sind sie noch im Urlaub? **(gewiß schon zurückkehren)**
2 Ist sie zu Fuß gekommen? **(sicherlich ein Taxi nehmen)**
3 Geht es ihm noch schlecht? **(bestimmt wieder gesund sein)**
4 Fährt sie jeden Tag Rad? **(wahrscheinlich ein Auto kaufen)**

5 Haben sie ihren Eltern geschrieben? **(wohl schon angerufen)**

6 Hat das Geschäft den Kühlschrank gebracht? **(bestimmt liefern)**

7 Arbeiten sie noch an dem Dokumentarfilm? **(gewiß einen neuen Film drehen)**

8 Hat er eine neue Arbeit gefunden? **(wahrscheinlich die Arbeit wechseln)**

9 Ist sie immer noch mit Stefan verheiratet? **(sicherlich von ihm trennen)**

10 Wird der Film noch gezeigt? **(vermutlich schon abgesetzt sein)**

score: ... × 10 =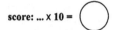

d) Form sentences in the future perfect.

Example: Ich nehme an, daß der Wagen inzwischen repariert worden ist.
Der Wagen wird inzwischen repariert worden sein.

1 Ich glaube, daß die Zündkerzen erneuert worden sind.

2 Es ist wahrscheinlich, daß die Kontakte gereinigt worden sind.

3 Ich vermute, daß das Öl gewechselt worden ist.

4 Ich glaube, daß die Batterie überprüft worden ist.

5 Es ist anzunehmen, daß ein Lichttest durchgeführt worden ist.

score: ... × 20 =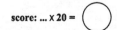

e) Translate these sentences using either the future or the future perfect. Avoid the temptation to use *müssen*.

1   He'll come home soon.
2   He must have missed the bus.
3   She must still be working.
4   There will be storms tomorrow.
5   They must have met some colleagues.
6   Mr Rooney must be ill.
7   They must have forgotten your appointment.
8   When will you (**du**) be thirty?
9   He's wound up because he probably won't be able to arrive in time.
10 By the time you (**du**) come back, he will have already had dinner.

score: ... x 10 =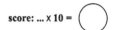

14 Verbs and Complements

A Cases

a) Accusative, dative or genitive? Complete these sentences.

1 Sie ähnelt *(to look like)* ... **(ihre Mutter)** sehr.
2 Wir schämten uns *(to be ashamed)* ... **(unser Verhalten)**.
3 Die Demonstration bedurfte *(to need)* ... **(eine richterliche Genehmigung)**.
4 Der Busfahrer winkte *(to make a sign)* ... **(die Kinder.)**
5 Der Polizist beleidigte *(to insult)* ... **(der Autofahrer)**.
6 Die Rede mißfiel *(to displease)* ... **(die Zuhörer)**.
7 Der Mann zog *(to take off)* ... **(sein dicker Mantel)** aus.
8 Der Wirt ging ... **(die Gäste)** entgegen *(to go up to)*.
9 Wir erreichten ... **(das Ziel)** mit letzter Kraft.
10 Die Entwicklung beunruhigte ... **(viele Leute)**.

score: ... × 10 =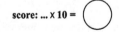

b) Form logical sentences using the present tense.

Example: das Problem/der Student/erklären
Der Student erklärt das Problem.

1 der Mann/der Rat nützen/nicht viel

2 der Minister/die Verantwortung/nicht übernehmen
3 der Verletzte/die Passanten/beistehen
4 die Touristen/die Abflugzeit/sich vergewissern
5 die Familie/das Telegramm/beunruhigen
6 der Alkohol/der Busfahrer/sich enthalten *(to refrain from drinking)*
7 die Regierung/die Forderung/sich widersetzen
8 die Rede/die Zuhörer/langweilen
9 der Radiosender/die Rebellen/sich bemächtigen *(to seize)*
10 die Ausstellung/die Besucher/gefallen

score: ... × 10 =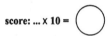

c) Translate the following sentences into German.

1 He would like to speak to me right away but I'm busy.
2 May I ask you **(Sie)** a favour?
3 I'd like to ask you **(Sie)** if you could lend me some money.
4 The whole class passed their A levels.
5 He listens to me carefully without interrupting me.
6 She always likes to contradict me.
7 She met me in front of the restaurant.
8 I'd like to thank you **(du)** for the information.
9 Could you **(Sie)** help me carry the suitcase?
10 The firm laid off the workers.

score: ... × 10 =

B Verbs with Prepositions

a) Form sentences from the following.

1	Sie ist verheiratet	a	über deinen überraschenden Besuch.
2	Familie Bauer träumt	b	auf eine Reise nach Afghanistan.
3	Ich habe mich sehr gefreut	c	mit einem Ölscheich.
4	Das kleine Kind fürchtet sich	d	gegen Massenentlassungen.
5	Seiner Frau zuliebe verzichtet er	e	beim Schaffner nach der Ankunftszeit.
6	Es handelt sich	f	von einer größeren Wohnung.
7	Die Gewerkschaften kämpfen	g	an Allergien.
8	Immer mehr Menschen leiden	h	für die Glückwünsche zum Geburtstag.
9	Er erkundigt sich	i	um eine Verbesserung der Sozialleistungen.
10	Er bedankt sich	j	vor dem großen Hund.

score: ... × 10 = ◯

b) Fill in the gaps with the appropriate preposition.

Die lieben Nachbarn

Seit einem Monat lebe ich in einem Mietshaus, noch habe ich
mich nicht **(1)** ... das Klima gewöhnt, das hier herrscht. Herr

Schreyer unter mir beschwert sich täglich **(2)** ... zu laute
Musik. Er hat sich sogar schon **(3)** ... dem Vermieter beklagt.
Das Ehepaar nebenan streitet sich täglich **(4)** ... seiner
Tochter. Der junge Mann im vierten Stock kümmert sich sehr
(5) ... seine Nachbarin. Er erzählt ihr ständig **(6)** ... seinem
Motorrad. Die Hausmeisterin hat mich **(7)** ... den Türken im
Erdgeschoß gewarnt. Sie weiß **(8)** ... alle Leute im Haus
bestens Bescheid. Demnächst möchte ich alle Hausbewohner
(9) ... einem kleinen Fest einladen, um etwas **(10)** ...
Verbesserung des Zusammenwohnens beizutragen.

score: ... × 10 = ◯

c) **Fill in the gaps with the correct preposition.**

1 Nach dem Flugzeugabsturz suchte man lange ... den
  Vermißten.
2 Die Bürger schimpfen ... die bestechlichen Politiker.
3 Der Politiker wird gefragt, was er ... dem Skandal
  meine.
4 Angesichts der Arbeitslosigkeit sorgen sich viele
  Jugendliche ... ihre Zukunft.
5 Wir halten ihn ... ein großes Talent im Tennissport.
6 Der Zug kommt um halb vier ... Hamburg an.
7 Autofahrer müssen besser ... Kinder im Straßenverkehr
  aufpassen.
8 Der Arzt riet ihm ... einer Reise in die Tropen ab.
9 Es ist erstaunlich, wieviel er ... die Geschichte der
  Germanen weiß.
10 Die Bewohner des Bergdorfes fürchten sich ... einem
   neuen Erdbeben.
11 Du sollst dich nicht immer ... die Angelegenheiten
   anderer einmischen.

12 Mein Bruder rät mir ... dem Kauf eines
   Gebrauchtwagens.
13 Die Bank besteht ... der sofortigen Rückzahlung der
   Schulden.
14 Auf dem Oktoberfest trinkt man Bier ... Maßkrügen.
15 Obwohl es spät war, rechnete man noch immer ...
   seinem Kommen.
16 Die Gewerkschaften einigten sich mit den Arbeitgebern
   ... die 35-Stunden-Woche.
17 Du mußt nicht alles glauben, was er sagt. Er neigt
   manchmal ... Übertreibungen.
18 Glaub nur nicht, daß ich ... deine Hilfe angewiesen bin.
19 Nach dem Sieg der Mannschaft schrien die Fans ...
   Begeisterung.
20 Wir freuen uns schon sehr ... ein Wiedersehen mit
   euch.

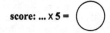

score: ... × 5 =

d) Translate the following sentences.

1 I only wear cotton jumpers.
2 He remembers his childhood in the country.
3 Peter is very interested in computers.
4 Why do you **(du)** always make fun of your teacher?
5 It smells of lavender here in the summer.
6 We thought about your **(du)** proposition at length but
  we cannot accept it.
7 I've always been suspicious about his honesty.
8 Red Riding Hood **(Rotkäppchen)** was not afraid of the
  big, bad wolf.
9 The grandparents look after their granddaughter during
  the holidays.

10 He fell in love with his best friend's wife.

score: ... × 10 = ◯

e) Fill in the gaps with the correct pronominal adverb (*darüber, daran*, etc.)

Eine alte Frau erzählt:

"Jahrelang wartete ich (**1**) ..., daß mein Sohn mich einmal besucht. Ich konnte mich kaum noch (**2**) ... erinnern, wann er das letzte Mal gekommen war. Ich wollte mich ja nicht (**3**) ... beklagen, ich wußte, er hatte viel zu tun, aber ich träumte (**4**) ..., daß er wie früher mal einen Ausflug mit mir machte. Damit ich auf andere Gedanken komme, hatte mich eine Bekannte (**5**) ... überredet, mich bei den "Grauen Panthern" zu engagieren. Dort habe ich (**6**) ... angefangen, mich um die Probleme ausländischer Rentner zu kümmern. Wir setzen uns (**7**) ... ein, daß sie die gleichen Rentenzahlungen bekommen wie wir. Viele Probleme haben wir gemeinsam; auch sie leiden (**8**) ..., daß ihre Kinder zu wenig Zeit für sie haben. Die Arbeit macht mir viel Spaß, und ich staune (**9**) ..., welche Energie ich in meinem Alter noch habe. Man kann sich heute nicht mehr (**10**) ... verlassen, daß die Familie sich um einen kümmert."

score: ... × 10 = ◯
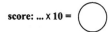

C The Infinitive with or without *zu*

a) **Fill in the gaps with *hören, sehen, lassen, werden, fühlen, wollen, können, dürfen* or *mögen*.**

  1 Er ... sich die Haare nicht schneiden.
  2 Er ... die Leute über sein Aussehen schimpfen.
  3 Aber er ... sich ihren Werten nicht anpassen.
  4 Er ... immer mehr Unverständnis gegen sich aufkommen.
  5 Er ... in den Gesichtern der anderen immer mehr Abneigung aufkommen.
  6 Nach einiger Zeit ... er immer besser auf ihre Vorurteile reagieren.
  7 So wie er aussieht, ... er sich bei seiner Familie nicht mehr blicken lassen.
  8 Er ... sich ihre Wertvorstellungen nicht aufzwingen.
  9 Seine Kinder ... er nie zwingen, sich seinen Normen anzupassen.
 10 Er ... jeden seinen eigenen Lebensstil wählen lassen.

score: ... x 10 =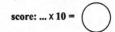

b) **Reformulate these sentences using the infinitive with *zu*.**

Example: Das Kind muß seiner Mutter gehorchen.
   (haben)
   Das Kind hat seiner Mutter zu gehorchen.

  1 Der Soldat muß den Befehl befolgen. **(haben)**
  2 Unnötige Verpackungen muß man vermeiden. **(sein)**

3 Du mußt diese Rechnung nicht sofort bezahlen. **(brauchen)**

4 Der Direktor muß benachrichtigt werden. **(sein)**

5 Ich muß dir etwas Wichtiges sagen. **(haben)**

6 Sie müssen sich um Ihre Gesundheit keine Sorgen machen. **(brauchen)**

7 Die alten Akten müssen vernichtet werden. **(sein)**

8 Die neue Maschine muß bis heute nachmittag funktionieren. **(haben)**

9 Peter muß noch viele Hausaufgaben machen. **(haben)**

10 Du mußt nicht alles glauben, was er sagt. **(brauchen)**

score: ... × 10 =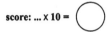

c) Do you need _zu_ before the infinitive?

1 Du brauchst dir um deine Mutter keine Sorgen ... machen.

2 Er wird morgen nach München ... fahren.

3 Meine Mutter ist gerade dabei, eine Torte ... backen.

4 Das Kind lernt ... schwimmen.

5 Ich hoffe, bald eine Wohnung ... finden.

6 Es macht mir Spaß, Fremdsprachen ... lernen.

7 Jörg hat das Motorrad reparieren ... lassen.

8 Sie kann leider nicht kommen, da sie viel ... tun hat.

9 Ich gedenke, nächste Woche in die Schweiz ... fahren.

10 Er will unbedingt Ingenieur ... werden.

score: ... × 10 =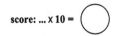

d) Translate.

1 The child is learning to read.
2 He seems to be a nationalist.
3 You (**du**) think you're always right.
4 He had his car mended.
5 I do not have to work tomorrow.
6 Sie läßt sich scheiden.
7 Er hilft mir, das Fest vorzubereiten.
8 Die Schüler haben dem Lehrer zuzuhören.
9 Die Koffer sind am Zoll zu öffnen.
10 Ich höre den Zug kommen.

score: ... × 10 =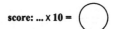

15 Prepositions

A With the Accusative

a) Fill in the gaps with the prepositions *bis, durch, entlang, gegen, für, ohne, um* or *wider*.

Wenn wir Karten spielen, spielen wir immer **(1)** ... Geld.
(2) ... Geld macht uns das Spiel keinen Spaß. Natürlich ist es
(3) ... die Spielregeln, anderen in die Karten zu schauen,
jedoch halte ich mich nicht immer daran. Deshalb habe ich
letztes Mal **(4)** ... Erwarten 50 DM gewonnen. **(5)** ... meine
Mitspieler war das eine große Überraschung. - Meist spielen
wir **(6)** ... Mitternacht, manchmal auch länger. Jedoch ist
spätestens **(7)** ... zwei Uhr Schluß. - Mit dem Geld unserer
gemeinsamen Kasse machen wir einmal im Jahr einen
Ausflug. Letztes Jahr fuhren wir den Rhein **(8)** ... in die
Schweiz und dann **(9)** ... die Alpen nach Italien **(10)** ...
Mailand.

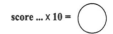

score ... × 10 =

b) Translate the sentences into German using the
prepositions *durch, für, gegen, um* or *bis*.

1 The MPs voted against this law.
2 The machines intended for export are not ready.
3 It snowed for the first time around Christmas.
4 We drove across Switzerland.
5 The guests are going to come around 8 o'clock.

6 I bought this car for £5000.
7 The train journey lasts between 3 and 4 hours.
8 We were sitting around an old table.
9 I paid for all of us.
10 I heard this piece of news on the radio (**erfahren**).

score: ... × 10 =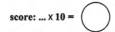

B With the Dative

a) Fill in the gaps with the prepositions *zu, seit, zufolge, von, nach, mit, gegenüber, bei* **or** *außer*.

Schon (1) ... zwei Wochen verhandelt die IG-Metall
(Industriegewerkschaft Metall) (2) ... den Unternehmern. (3)
... Angaben des Gewerkschaftsführers (4) ... der Presse
konnte bis jetzt keine Einigung erzielt werden. Deshalb wird
es (5) ... einem Streik kommen. Die Forderung (6) ...
Lohnerhöhung liegt (7) ... 10%. Den Angaben des
Gewerkschaftsvertreters (8) ... werden sich alle Arbeitnehmer
(9) ... den Angestellten am Streik beteiligen, weil diese meist
nicht in der IG-Metall sondern in der
Angestelltengewerkschaft organisiert sind. (10) ... den
angedrohten Aussperrungen werden deshalb die Arbeiter und
nicht die Angestellten betroffen sein.

score: ... × 10 =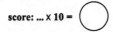

b) Translate the sentences into German using the prepositions *nach, aus, mit* or *zu*.

1 She returned from her travels after four weeks.
2 I helped her to get out of the car.
3 A suspect wearing a green jacket was seen in this area.
4 According to law the accused (**Angeklagte**) is guilty.
5 Passengers arriving from London are requested to go to desk No 8.
6 I go to his house every night.
7 He ended his artistic career at forty.
8 In his day life was quieter.
9 The house was built of red bricks (**Ziegelstein**).
10 It's my turn after you (**du**).

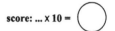

score: ... x 10 =

C With the Dative or Accusative

a) Ask the question corresponding to the phrase in bold.

Example: Wir fahren **in den Süden. Wohin** fahrt ihr?

1 Wir kommen **aus der Schweiz.**
2 Dort leben wir **in einem kleinen Ort im Harz.**
3 Bisher verbrachten wir unseren Urlaub immer **an der Ostsee.**
4 **Neben unserem Campingplatz** begann gleich der Strand.
5 Viele Ausflüge führten uns **auf die Insel Rügen.**
6 Dieses Jahr werden viele Urlauber **aus Schottland** kommen.

7 Wir fahren dieses Jahr **über die Schweiz ans Mittelmeer.**
8 Zweimal wöchentlich gehen wir **in einen Italienischkurs.**
9 Wir haben ein kleines Haus **zwischen Siena und dem Trasimenischen See** gemietet.
10 **In der Toskana** werden wir viele Kulturdenkmäler besichtigen.

score: ... × 10 = ◯

b) **Fill in the gaps using the accusative or the dative.**

Ein Umzug *(moving house)*

Der Schreibtisch paßt nicht neben (1) ... Schrank, stellen Sie ihn lieber an (2) ... Fenster, dort ist es auch heller. Die Lampe kommt in (3) ... Ecke; zwischen (4) ... Sofa und (5) ... Sessel ist ein idealer Platz. Legen Sie das Bild erst einmal auf (6) ... Boden; wir können es später selbst an (7) ... Wand hängen. In (8) ... Regalen ist noch Platz für Bücherkartons. Der Platz vor (9) ... Klavier bleibt frei. Stellen Sie die Stereoanlage auf (10) ... Kommode ab.

score: ... × 10 = ◯

c) **Fill in the gaps with the preposition and the article.**

1 Ich steckte den Brief ... ... Briefkasten.
2 Die Weinkiste stand ... ... Keller.

3 Der Schlüssel steckte noch ... ... Tür.
4 Der Mantel hing ... ... Garderobe (f).
5 Er hängte das Handtuch ... ... Haken (m/*hook*).
6 Sie setzte sich ... ... Abteil (n) erster Klasse.
7 Während der Examensvorbereitungen saß ich die halbe Nacht ... ... Schreibtisch.
8 Sie stellte den Gartenstuhl ... ... Balkon (m).
9 Der Liegestuhl stand im Schatten ... ... Baum.
10 Ich legte mich ... ... Sonne.

score: ... × 10 = ◯

d) **Choose the appropriate past participle and the article.**

Wir haben uns vor (1) ... Fernseher (2) ... **(setzen/sitzen)** und haben den ganzen Abend vor (3) ... Bildschirm (m/*screen*) (4) ... **(setzen/sitzen).** Zwischendurch habe ich mich auf (5) ... Boden (6) ... **(liegen/legen).** Mein Mann hat fast die ganze Zeit auf (7) ... Sofa (8) ... **(legen/liegen).** Wenn ich nicht mehr liegen und sitzen konnte, habe ich mich vor (9) ... Apparat (10) ... **(stehen/stellen).** Die Getränke haben auf (11) ... Tisch ... **(12) (stehen/stellen).** Um zehn Uhr habe ich meinen Sohn in (13) ... Bett (14) ... **(liegen/legen).** Mein Mann hat sich um die Wäsche gekümmert und sie auf (15) ... Leine (f) (16) ... **(hängen).** Sie hat eine Woche auf (17) ... Leine (18) ... **(hängen),** weil wir sie wie immer vergessen haben. Nach unserem Fernsehabend haben wir die Gläser in (19) ... Küche **(20)** ... **(stellen/stehen).**

score: ... × 5 = ◯

e) Fill in the gaps with the appropriate preposition.

1 Wann sehen wir uns wieder? ... einer Woche?

2 ... Monatsende habe ich keinen Pfennig mehr.

3 ... Weihnachten und dem Neuen Jahr haben wir frei.

4 Der Film hat schon ... einer Viertelstunde begonnen.

5 Für Jugendliche ... 16 Jahren ist dieser Film verboten.

6 Der erste Mai fällt dieses Jahr leider ... einen Sonntag.

7 Ich war den ganzen Sommer ... beschäftigt und konnte nicht wegfahren.

8 ... der Zeit vom 1. bis 12. Juli bin ich im Ausland.

9 ... 31. Januar habe ich Geburtstag.

10 ... Herbst fliege ich nach New York.

score: ... x 10 =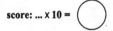

f) Fill in the gaps with *in*, *im*, *an* or *am*.

1 ... Moment	11 ... 19. Jahrhundert
2 ... Abend	12 ... Anfang
3 ... Frühling	13 ... Augenblick
4 ... Jahre 1989	14 ... Weihnachten
5 ... kurzer Zeit	15 ... der Antike
6 ... August	16 ... Feiertagen
7 ... Sonntag	17 ... Zeitalter der Kommunikation
8 ... einem halben Jahr	18 ... Jahresende
9 ... meinem Geburtstag	19 ... 14. Juli 1789
10 ... der Nacht	20 ... der Regenzeit.

score: ... x 5 =

D With the Genitive

a) **Replace the expression in bold with one of the following prepositions:** *wegen, trotz, während, längs* or *(an)statt.*

1 **Entlang** der Straße stehen große Plakatwände.
2 **Zur Zeit** der industriellen Revolution verschärfte sich die soziale Frage.
3 **An Stelle von** Faust wurde im Theater Hamlet gegeben.
4 **Aufgrund** schlechten Wetters mußte die Vorstellung ausfallen.
5 **Ungeachtet** des Regens machten wir einen Spaziergang durch den Wald.

score: ... x 20 =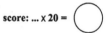

b) **Replace the preposition in bold with its opposite.**

1 **Jenseits** des Flusses leben einige Indianerstämme.
2 Die Konzentration an Giftstoffen liegt **oberhalb** der gesetzlichen Grenzwerte.
3 Ich rief den Arzt **während** seiner Sprechstunde an.
4 **Abseits** des Trubels fühle ich mich gleich wohler.
5 **Fern** der großen Straßen ist die Landschaft unberührt.

score: ... x 20 =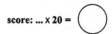

E Revision Exercises

a) Replace the preposition in bold with its opposite and, if necessary, change the case of the noun or pronoun.

1 Ich bin **gegen** dieses Verbot.
2 Wir haben keine Lust, **mit** ihm zu spielen.
3 **Nach** den Ferien bin ich guter Laune.
4 Die Katze sitzt **auf** dem Sessel.
5 Die portugiesische Familie wohnt **unter** uns.
6 Er entschied sich **für** das französische Auto.
7 **Ohne** deine Hilfe wären wir schneller fertig.
8 Ich komme nicht **vor** fünf Uhr.
9 Wir standen **hinter** dem Haus.
10 Wir wohnen **nahe bei** der U-Bahn-Station.

score: ... × 10 =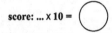

b) Fill in the gaps with the appropriate personal pronoun using the correct case.

1 Durch ... **(er)** habe ich von der Geschichte erfahren.
2 ... **(sie)** gegenüber habe ich nichts erwähnt.
3 Ohne ... **(du)** wäre ich sehr einsam.
4 Außer ... **(ich)** hatte niemand etwas dagegen.
5 Ich tue fast alles für ... **(du)**.
6 Ich bin immer sehr gern bei ... **(er)**.
7 Das ist sehr freundlich von ... **(Sie)**.
8 Ich habe mich sehr um ... **(er)** gekümmert.
9 Nach ... **(du)** sind alle gegangen.

10 Ich habe kein Vertrauen zu ... (er).

score: ... x 10 = ◯

c) **Add the article in these idiomatic phrases.**

1 Sie nimmt kein Blatt vor ... Mund. *(Sie sagt offen ihre Meinung.)*

2 Er lebt von ... Hand in ... Mund. *(Er ist sehr arm).*

3 Das springt sofort in ... Augen. *(Das fällt sofort auf.)*

4 Das Wort liegt mir auf ... Zunge. *(Ich weiß das Wort, aber es fällt mir gerade nicht ein.)*

5 Da hast du die Rechnung ohne ... Wirt gemacht. *(Da hast du dich geirrt.)*

6 Das bringt mich auf ... Palme. *(in Wut)*

7 Er muß immer aus ... Reihe tanzen. *(Er muß immer etwas anderes tun als die anderen.)*

8 Du findest immer ein Haar in ... Suppe. *(Du findest immer einen Nachteil.)*

9 Sie hängt immer ihr Mäntelchen nach ... Wind. *(Sie verhält sich immer opportunistisch.)*

10 Vor Freude ist sie mir um ... Hals gefallen.

11 Das ist ein Spiel mit ... Feuer. *(Das ist eine gefährliche Sache.)*

12 Dieser Aspekt fiel völlig unter ... Tisch. *(blieb unberücksichtigt)*

13 Er lebt in ... Tag hinein. *(ohne Plan)*

14 Diese Idee ist aus ... Luft gegriffen. *(frei erfunden)*

15 Er legt immer ein bißchen Geld auf ... hohe Kante. *(Er spart immer ein bißchen Geld.)*

16 Er steht unter ... Pantoffel seiner Frau. *(Er wird von seiner Frau beherrscht.)*

17 Sie schlug die Hände über ... Kopf zusammen. *(Sie war entsetzt.)*

18 Du willst immer mit ... Kopf durch ... Wand. *(Du willst immer alles mit Gewalt.)*

19 Du bist nie bei ... Sache. *(Du bist nie konzentriert.)*

20 Schreib dir das hinter ... Ohren! *(Merk dir das gut!)*

score: ... × 5 =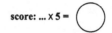

d) Fill in the gaps with the appropriate definite preposition and article.

Tagesablauf eines Junggesellen

Herr Schubert steigt morgens um 7 Uhr **(1)** ... ... Bett. Zuerst stellt er sich **(2)** ... ... Dusche, dann **(3)** ... ... Spiegel, um sich zu rasieren. Anschließend geht er zurück **(4)** ... ... Schlafzimmer, dort holt er sich Wäsche **(5)** ... ... Schrank und nimmt seinen Anzug **(6)** ... ... Kleiderbügel. Wenn er angezogen ist, geht er **(7)** ... ... Küche, wo er die Kaffeemaschine anstellt. Dann geht er **(8)** ... ... Haustür, um die Zeitung **(9)** ... ... Briefkasten zu holen.

Wieder oben angekommen, setzt er sich mit einer Tasse Kaffee **(10)** ... ... Tisch und liest **(11)** ... ... Zeitung zuerst den politischen Teil. Danach nimmt er seine Aktentasche **(12)** ... ... Arm und macht sich auf den Weg **(13)** ... seiner Bank. Er fährt meistens **(14)** ... ... Straßenbahn dorthin.

Vormittags steht er **(15)** ... ... Schalter und bedient die Kundschaft, am Nachmittag arbeitet er **(16)** ... ... Kreditabteilung. Abends geht er meistens **(17)** ... ... Park nach Hause, um auf andere Gedanken zu kommen. Er liebt Musiktheater und geht oft **(18)** ... ... Oper.

Wenn es jedoch einen Krimi im Fernsehen gibt, sitzt er meist

(19) ... ... Fernsehapparat, wo er manchmal einschläft. Dann träumt er davon, Gangster zu sein und das ganze Geld **(20)** ... ... Bank zu rauben, in der er arbeitet.

score: ... × 5 =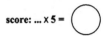

e) **Complete the sentences using the following prepositions:**
beiderseits, dank, jenseits, inmitten, entgegen. **Adjust the case endings of the words in brackets as necessary.**

1   ... **(die Veränderungen)** in der Sowjetunion konnte eine Demokratisierung im Osten stattfinden.

2   ... **(die jubelnde Menge)** gab es einige Nachdenkliche.

3   ... **(der eiserne Vorhang)** lag angeblich das Land, in dem Milch und Honig fließt. *(land of milk and honey)*

4   ... **(ihre Vorstellungen)** vom goldenen Westen fanden die DDR-Bürger dort nicht nur ein Konsumparadies.

5   ... **(die deutsch-deutsche Grenze)** feierten die Menschen zusammen Silvester.

score: ... × 20 =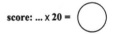

f) **Rewrite the sentences using the follwing prepositions:**
außer, gegenüber, ungeachtet, zwecks, anläßlich. **Alter the article ending as necessary.**

1   ... **(die Maueröffnung)** hielt Brandt in Berlin eine Rede.

2   ... **(die Zwischenrufe)** unterbrach Kohl seine Rede nicht.

3   ... **(eine Verbesserung)** der Koordination trafen sich
    die Bürgermeister von Ost- und West-Berlin
    regelmäßig.

4   ... **(die Oppositionsgruppen)** signalisierte die DDR-
    Regierung Verhandlungsbereitschaft.

5   ... **(eine Minderheit)** sträubte sich niemand gegen eine
    schnelle Vereinigung beider deutscher Staaten.

score: ... x 20 =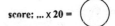

16 The Subjunctive

A The Imperfect Subjunctive (Conditional)

a) **Give both forms of the conditional for the following verbs:**

Example: kommen (ich) — ich käme/ich würde kommen

1	essen (ihr)	11	sich erinnern (ihr)
2	haben (er)	12	sehen (sie)
3	bleiben (du)	13	einschalten (du)
4	sein (wir)	14	geben (wir)
5	abfahren (ihr)	15	arbeiten (ich)
6	nehmen (er)	16	fallen (er)
7	werden (ich)	17	sprechen (du)
8	telefonieren (sie)	18	lernen (er)
9	wissen (wir)	19	lassen (ich)
10	gehen (du)	20	bringen (sie)

score: ... × 5 = ◯

b) **Put the verbs in brackets into the one word form of the conditional (avoiding the use of *werden*).**

"Wenn die Haifische Menschen (1) ... **(sein)**", fragte Herrn K. die kleine Tochter seiner Wirtin, "(2) ... **(verhalten)** sie sich dann netter gegenüber den kleinen Fischen?"

"Wenn die Haifische Menschen (3) ... **(sein)**, (4) ... **(geben)**

es bei ihnen natürlich auch eine Kunst. Sie **(5)** ... **(haben)**
schöne Bilder, auf denen die Zähne der Haifische in
prächtigen Farben, ihre Rachen als reine Lustgärten, in denen
es sich prächtig tummeln **(6)** ... **(lassen)**, dargestellt **(7)** ...
(sein). Die Theater auf dem Meeresgrund **(8)** ... **(zeigen)**, wie
edelmütige Fischlein begeistert in die Haifischrachen
schwimmen, und die Musik **(9)** ... **(klingen)** so schön, daß
die Fischlein, die Kapelle voran, träumerisch, in die
Haifischrachen **(10)** ... **(strömen)**.
Auch eine Religion **(11)** ... **(geben)** es da. Sie **(12)** ...
(lehren), daß die Fischlein erst im Bauch der Haifische
richtig zu leben **(13)** ... **(beginnen)**. Übrigens **(14)** ...
(aufhören) es auch ..., daß alle Fischlein, wie es jetzt ist,
gleich sind. Einige von ihnen **(15)** ... **(bekommen)** Ämter und
(16) ... **(regieren)** über die anderen. Die ein wenig größeren
(17) ... **(dürfen)** sogar die kleineren auffressen. Und die
größeren, Posten habenden Fischlein **(18)** ... **(sorgen)** für die
Ordnung unter den Fischlein. Kurz, es **(19)** ... **(geben)**
überhaupt erst eine Kultur im Meer, wenn die Haifische
Menschen **(20)** ... **(sein)**.

(nach Bertolt Brecht)

score: ... x 5 =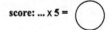

B   Use of the Imperfect Subjunctive

a) Reformulate the sentences following the example. Pay special attention to the negatives.

Example: Es hat geregnet; wir sind nicht spazieren gegangen.
Wenn es nicht geregnet hätte, wären wir spazieren gegangen.

1 Er verdient nicht genug Geld; er läßt sich keinen Maßanzug schneidern.
2 Mein Chef ist nicht gut gelaunt; ich bitte ihn nicht um eine Gehaltserhöhung.
3 Die Sozialdemokraten haben nicht gewonnen; Lafontaine ist nicht Kanzler geworden.
4 Die Mannschaft spielt nicht gut; sie gewinnt den Pokal nicht.
5 Es gab eine Zensur; der Artikel ist nicht gedruckt worden.
6 Ich spreche nicht Türkisch; ich verbringe meine nächsten Ferien nicht in der Ost-Türkei.
7 Du hast dich vorher nicht gut informiert; du bist betrogen worden.
8 Er weiß nicht, wie man einen Reifen wechselt; er muß jetzt auf den Pannendienst warten.
9 Sie kündigte; sie litt nicht weiterhin unter ihrer Chefin.
10 Du kamst nicht pünktlich; wir konnten nicht ins Kino gehen.

score: ... × 10 =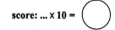

b) Form sentences with or without *wenn* according to the example. Watch out for the tense!

Example: Ich kann nicht ins Theater gehen.
Wenn ich doch nur ins Theater gehen könnte!
Könnte ich doch nur ins Theater gehen!

1 Er hat mich nicht vom Bahnhof abgeholt.
2 Sie blieb nicht bei ihrer Familie.
3 Wir dürfen hier nicht schneller fahren.
4 Er hat keine Lust zu kommen
5 Ich habe nie genug Geld.
6 Du bist nicht gefragt worden.
7 Sie kommen immer zu spät.
8 Das Kind überquert die Straße bei Rot.
9 Sie werden nicht informiert.
10 Er weiß nicht, ob er eine Arbeit finden wird.

score: ... x 10 =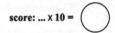

c) Make sentences following the example using *als ob* or only *als*.

Example: Er spielte so schlecht Klavier (**er nie geübt haben**).
Er spielt so schlecht Klavier, als ob er nie geübt hätte.
Er spielt so schlecht Klavier, als hätte er nie geübt.

1 Der Frisör schnitt die Haare so schlecht (**ich sein erster Kunde sein**).
2 Er erzählt aus seinem Privatleben (**wir uns schon seit Jahren kennen**).

3 Der Chef behandelte seine Mitarbeiter (**sie seine Privatsklaven sein**).
4 Der Politiker tut so (**er von nichts wissen**).
5 Sie sah so unschuldig aus (**sie keiner Fliege etwas zuleide tun können**).

score: ... × 20 = ◯

d) Translate these sentences.

1 If I hadn't lost your (**du**) address, I would have sent you a postcard from Italy.
2 If I were in his position, I would get a divorce straightaway.
3 If only I knew whether he was coming!
4 He had to move otherwise he would never have found a job.
5 You (**du**) are looking at me as if you had never seen me before.
6 Could you (**Sie**) give me his phone number?
7 It would be best if you (**du**) went to see a doctor.
8 Would you (**du**) really lend me your car?
9 I almost didn't recognize him.
10 He would have visited me, only he didn't have my address.

score: ... × 10 = 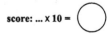 ◯

C Present Subjunctive - Reported Speech

a) Fill in the following table. Are these expressions indicative, subjunctive or both?

	Indicative	Subjunctive	I & S
1 er stellt			
2 du seist gewesen			
3 ich gebe			
4 ihr kommet			
5 sie haben gesehen			
6 er sei informiert worden			
7 wir glauben			
8 ich solle			
9 sie habe geantwortet			
10 er werde anrufen			
11 ihr schneidet			
12 wir konnten			
13 sie trinken			
14 es werde geliefert			
15 ich werde			
16 ich grüße			
17 sie geben			
18 es habe geregnet			
19 er ruft			
20 du darfst			

score: ... × 5 = ◯

b) Put the following verbs into the present subjunctive.

1	er wird mitkommen	6	du fährst
2	ich telefoniere	7	er wollte
3	du gibst	8	wir sind eingeladen worden
4	sie waren gefallen	9	er bringt
5	sie wird bestraft werden	10	ich habe gehabt

score: ... x 10 = ◯

D   Indirect Speech

a) Put the following sentences into indirect speech (see example).

Example: Ein Manager erzählt: "Ich stehe morgens um sechs Uhr auf."

Ein Manager erzählt, er stehe morgens um sechs Uhr auf.

1 Dann laufe ich eine halbe Stunde im Wald, um mich fit zu halten.
2 Inzwischen hat meine Frau das Frühstück gemacht.
3 Um halb acht werde ich von meinem Chauffeur abgeholt.
4 Auf dem Weg zur Arbeit lese ich die Zeitungen, die der Chauffeur schon gekauft hat.
5 Im Büro bespreche ich mit meiner Sekretärin den Terminkalender.

6 Der Vormittag vergeht meistens mit Gesprächen mit unseren Mitarbeitern und mit Konferenzen.

7 Mittags findet oft ein Arbeitsessen in einem Restaurant statt.

8 Gelegentlich fliege ich auch morgens nach Frankfurt, wo sich ein Zweigunternehmen befindet.

9 Auch wenn es anstrengend ist, möchte ich keinen anderen Beruf haben.

10 Für die Familie finde ich leider zu wenig Zeit, aber ich kann ihnen dank meines guten Einkommens viel bieten.

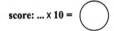

score: ... × 10 = ◯

b) **Put the following text into direct speech (use the perfect tense).**

Unfallprotokoll

1 Herr Renner gab zu Protokoll, am 20.6. sei er um 18 Uhr mit einem Kollegen von seinem Büro nach Hause gefahren.

2 In der Marienstraße habe dichter Verkehr geherrscht.

3 Er sei höchstens 30 bis 40 km/h gefahren.

4 Plötzlich habe der Wagen vor ihm ohne ersichtlichen Grund abgebremst.

5 Da der Abstand sehr gering gewesen sei, habe er nicht mehr rechtzeitig stoppen können.

6 er habe sich zunächst gefragt, ob ein Kind unvermittelt auf die Straße gelaufen sei.

7 Sein Kollege und er seien sofort ausgestiegen, um den Schaden zu begutachten.

8 Der Fahrer des anderen Wagens habe sich entschuldigt und erklärt, er habe einem Igel ausweichen wollen, der über die Straße gelaufen sei.

9 Sein Wagen habe eine kleine Beule an der Stoßstange gehabt und an dem anderen Auto sei das Rücklicht kaputt gewesen.

10 Die Polizei sei von ihnen nicht gerufen worden, da sie glaubten, diesen Schaden direkt mit der Versicherung regeln zu können.

score: ... × 10 = ◯

c) **Put the following questions into indirect speech.**

Auf der Pressekonferenz fragen die Journalisten:

1 Wird es Steuererhöhungen geben?
2 Wer ist für das schlechte Wahlergebnis verantwortlich?
3 Warum wurde die Öffentlichkeit nicht früher über den Skandal informiert?
4 Weiß man, wer neuer Umweltminister wird?
5 Kann man mit dem Verhandlungsergebnis zufrieden sein?
6 Was wurde bei den letzten deutsch-französischen Gesprächen besprochen?
7 Gibt der Erfolg der Republikaner der Regierung nicht zu denken?
8 Wie will man auf die steigende Zahl von Asylsuchenden reagieren?
9 Ist die Wirtschaft von einer neuen Inflation bedroht?
10 Wann findet die nächste Pressekonferenz statt?

score: ... × 10 =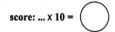

d) Put the following commands into indirect speech (without daß).

Die Ehefrau sagt zu ihrem Mann:

1 Trink nicht so viel!
2 Hör endlich auf zu rauchen!
3 Komm nicht so spät nach Hause!
4 Schnarche nicht so laut!
5 Gib nicht so viel Geld im Spielsalon aus!
6 Kauf mir endlich einen Pelzmantel!
7 Kümmere dich auch mal um die Kinder!
8 Nimm endlich ein paar Kilo ab!
9 Flirte nicht ständig mit anderen Frauen!
10 Zahl mir mehr Haushaltsgeld!

score: ... × 10 =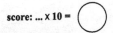

e) Put the following text into indirect speech. Remember to use the imperfect subjunctive where the present subjunctive is the same as the indicative. See note p218.

Eine Studentin erzählt:

1 Im vergangenen Sommer wollte ich meine Ferien mit meiner Freundin in Guatemala verbringen, um Spanisch zu lernen.
2 Da wir erst sehr spät buchten, bekamen wir nur noch einen Flug von Hamburg über London und Miami.
3 Wir fragten uns: Wie wird dieses Land wohl aussehen? Gibt es viele arme Menschen?
4 Reagiert man auf uns als reiche Europäer aggressiv oder unterwürfig?
5 Heute weiß ich: Guatemala gehört zu den schönsten Ländern dieser Region.

6 Es ist ein ausgesprochen fruchtbares Land, in dem man alle möglichen exotischen Früchte findet.

7 Die Bevölkerung besteht noch zu einem großen Prozentsatz aus Indios.

8 Die reichen Großgrundbesitzer leben auf großen Fincas, beuten die Indios gnadenlos aus und transferieren ihren Reichtum auf Schweizer Bankkonten.

9 "Kommen Sie in meine Sprachschule! Ich habe die besten Lehrer engagiert," so redete ein junger Mann im Bus nach Antigua auf uns ein.

10 Wir wurden nicht enttäuscht.

11 Täglich nahmen wir sechs Stunden Einzelunterricht zu einem für uns lächerlichen Preis.

12 Während dieser Zeit wohnten wir bei einer guatemaltekischen Familie.

13 So waren wir gezwungen, den ganzen Tag Spanisch zu sprechen.

14 An den Wochenenden unternahmen wir Ausflüge, um das Land zu entdecken.

15 Am beeindruckendsten für mich war ein Besuch im Urwald bei den alten Mayastätten.

16 Wie hatten sie damals mit einfachen Mitteln solch phantastische Bauten konstruieren können?

17 Im Urwald sprangen über unseren Köpfen die verschiedensten Affen herum und bewarfen uns mit Früchten.

18 Unsere Angst vor Schlangen oder anderen gefährlichen Tieren war aber unbegründet.

19 An diesen wunderschönen Ausflug werden wir sicherlich noch lange denken.

20 Noch ein Tip: Vergeßt nicht, auch den in den Bergen gelegenen Attitlansee zu besuchen!

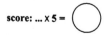

score: ... × 5 =

17 Time Exercises

a) Join the sentences below using *wenn* or *als*.

1 Ich ging spazieren. Ich pflückte immer Blumen.
2 Meine Eltern fahren im Sommer nach Spanien. Sie wohnen dort jedesmal auf demselben Campingplatz.
3 Ich unternahm eine Reise durch die Wüste. Ich sah eine Fata Morgana.
4 Ich verbringe meinen Urlaub dieses Jahr am Atlantik. Ich nehme dort an einem Surfkurs teil.
5 Letztes Jahr war ich in den Alpen zum Skifahren. Auf einer Berghütte begegnete ich Jane Fonda.
6 Wir gingen ohne Wanderkarte aus dem Haus. Wir verliefen uns jedesmal.
7 Gestern kam er an einem Bauernhof vorbei. Ein Hund biß ihn in die Wade *(calf).*
8 Wir befanden uns auf freiem Feld. Es begann wie aus Kübeln zu schütten.
9 Ich traf andere Spaziergänger. Wir unterhielten uns über das Wetter.
10 Er war vor vier Wochen in Birmingham. Sein Auto wurde aufgebrochen.

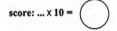

score: ... x 10 =

b) Replace the phrase in bold with a subordinate clause beginning with *wenn* or *als* and using the verb in brackets.

1 **Beim Aufräumen der Wohnung** denke ich mir meistens Kriminalgeschichten aus. **(aufräumen)**

2 **Bei der Lektüre des Buches** eröffneten sich mir ganz neue Gesichtspunkte. **(lesen)**

3 **Beim Anblick des Durcheinanders** schlug er die Hände über dem Kopf zusammen. **(sehen)**

4 **Bei langweiligen Telefongesprächen** zeichnete ich Karikaturen. **(sich langweilen)**

5 **Zu Beginn der Weltmeisterschaft** glaubte niemand an den Sieg dieser Mannschaft. **(beginnen)**

6 **Bei meiner Ankunft in Berlin** holte mich meine Freundin vom Flughafen ab. **(ankommen)**

7 **Bei lebhaften Diskussionen** bekomme ich einen roten Kopf. **(lebhaft diskutieren)**

8 **Beim Betreten der Buchhandlung** bemerkte ich, daß ich mein Geld vergessen hatte. **(betreten)**

9 **Beim Betrachten der Landkarte** stellten wir fest, daß wir uns hoffnungslos verfahren hatten. **(betrachten)**

10 **Beim Aufschlagen der Zeitung** fiel mein Blick zuerst auf den Kommentar. **(aufschlagen)**

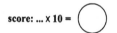

c) **Replace the first sentence with a subordinate clause beginning with *während* or *bevor*.**

1 Ich stehe auf. Mein Wecker klingelt eine Viertelstunde lang.

2 Ich stelle mich unter die Dusche. Ich hole mir ein frisches Handtuch.

3 Ich stehe unter der heißen Dusche. Ich höre laut Musik.

4 Ich frühstücke. Ich lese ausgiebig die Zeitung.

5 Ich suche meine Sachen zusammen. Ich werfe einen Blick in meinen Terminkalender.

6 Ich warte mit einer Arbeitskollegin auf den Bus. Wir unterhalten uns über die politischen Ereignisse.

7 Ich gehe in mein Büro. Ich spreche mit dem freundlichen Pförtner.

8 Ich beginne mit der Arbeit. Ich öffne die Post.

9 Ich habe eine Besprechung mit meiner Chefin. Ich führe mehrere Telefongespäche.

10 Wir diskutieren über die Tagesordnung der nächsten Sitzung. Wir werden ständig unterbrochen.

score: ... × 10 =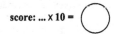

---

d) Replace the phrase in bold with a subordinate clause beginning with *während* or *bevor*, using the verb in brackets.

1 **Während meines Spanischstudiums** beschäftigte ich mich mit lateinamerikanischer Literatur. **(studieren)**

2 **Vor meinem Examen** verbrachte ich längere Zeit in Argentinien. **(Examen ablegen)**

3 **Während meines Aufenthaltes in Buenos Aires** schrieb ich mehrere Zeitungsartikel. **(sich aufhalten)**

4 **Vor der Zwischenlandung in Rio** gerieten wir in einen Sturm. **(zwischenlanden)**

5 **Während unseres Flugs von New York nach Havanna** faszinierte uns der klare Sternenhimmel. **(fliegen)**

score: ... × 20 =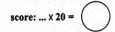

e) Put the verb in brackets into the appropriate tense.

1 Nachdem die Kongreßteilnehmer (**eintreffen**), gibt es ein Buffet.

2 Alle füllen sich die Teller, nachdem der Vorsitzende eine Ansprache (**halten**).

3 Nachdem die Gäste (**essen**), sitzen sie bis spät in die Nacht beisammen.

4 Am nächsten Morgen begann der Kongreß mit Verspätung, nachdem sehr viele zu spät (**aufstehen**).

5 Sobald die ausländischen Teilnehmer Kopfhörer für die Simultanübersetzung (**erhalten**), kann das offizielle Programm beginnen.

6 Nachdem man die ersten Referate (**hören**), setzte eine kontroverse Diskussion ein.

7 Nachdem einige Demonstranten das Podium (**erstürmen**), wurde die Tagung kurzfristig unterbrochen.

8 Sobald die Ordnung (**wiederherstellen**), setzte man die Konferenz fort, als ob nichts gewesen wäre.

9 Nachdem einige Teilnehmer dieses Verhalten heftig (**kritisieren**), wurde eine Resolution verabschiedet.

10 Nachdem man in den wesentlichen Punkten Einigkeit (**erzielen**), lud man die Journalisten zu einer Pressekonferenz.

score: ... x 10 =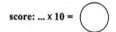

f) Replace the phrase in bold with a subordinate clause beginning with *nachdem* or *sobald*. The indications in brackets should help you.

1 **Nach der Entdeckung Amerikas** begann die Ausrottung indianischer Kulturen. (**entdecken**, passive)

2 **Nach der Machtergreifung Hitlers** verließen viele
Menschen Deutschland. **(die Macht ergreifen)**

3 **Nach den Wahlen** wird eine neue Regierung gebildet.
(stattfinden)

4 **Kurz nach der Öffnung der deutsch-deutschen
Grenze** strömten viele Menschen in den Westen.
(öffnen, passive)

5 **Nach der Freilassung Mandelas** kam es zu
Gesprächen mit der weißen Regierung. **(freilassen,
passive)**

6 **Nach dem Wahlsieg Allendes** führte man in Chile eine
Agrarreform durch. **(gewinnen)**

7 **Sogleich nach der Einführung der DM in der DDR**
beginnt der Ansturm auf westliche Konsumgüter.
(einführen, passive)

8 **Nach dem Beitritt Spaniens zur EG** erlebt die
Landwirtschaft eine Strukturkrise. **(der EG beitreten)**

9 **Nach dem Ende des Zweiten Weltkriegs** wurde
Deutschland in vier Besatzungszonen aufgeteilt.
(beenden, passive)

10 **Nach dem Papstbesuch in Spanien** nahmen die
Austritte aus der katholischen Kirche sprunghaft zu.
(besuchen)

score: ... × 10 =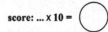

g) **Fill in the gaps with *bis* or *seit*.**

1 ... er kam, hatte ich meinen Seelenfrieden.

2 ... man die Straße vor dem Haus verbreitert hat,
verbringe ich schlaflose Nächte.

3 ... sie aufhört zu rauchen, muß ein Wunder geschehen.

4 ... Kurt in der Küche sitzt, ist der Kühlschrank leer.

5 ... er sich einen Computer gekauft hat, spielt er
nächtelang Schiffeversenken.

6 ... ich einen Geliebten habe, ist meine Ehe nicht so langweilig.
7 ... unser Nachbar eine Elektrogitarre kaufte, hatten wir unsere Ruhe.
8 ... ich ihn kenne, hört er nicht auf, mir Spitznamen zu geben.
9 ... ich Kinder hatte, war ich schlank wie eine Tanne *(fir tree)*
10 ... ich ihn kennenlernte, lebte ich alleine.

score: ... x 10 =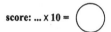

h) **Translate the following sentences into German.**

1 While they drove, the tourists could admire the landscape.
2 When she arrived at the bus stop, the bus was already gone.
3 Every time I wanted to use the lift, it was out of order.
4 I'm looking after her flat until she comes back from Japan.
5 We will play cards as long as we want to.
6 I'll talk to him before he makes any more mistakes.
7 As soon as he comes back from work, he plays with the children.
8 Since they have left, life has become quieter.
9 After she had found a job, she moved.
10 Each time he looked at the advertisements, he wanted to leave.

score: ... x 10 =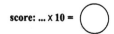

i) **Using the verb in brackets reformulate the phrase in bold so that it becomes a subordinate clause.**

1 **Seit Beginn der Fußballweltmeisterschaft** sitze ich nur noch vor dem Fernseher. **(beginnen)**

2 **Sofort nach dem Aufstehen** lese ich die Kommentare zu den Spielen. **(aufstehen)**.

3 **Während des Spiels der deutschen Mannschaft** rauchte ich eine Zigarette nach der anderen. **(spielen)**

4 **Bei dem Tor von Maradona** sprang ich auf und schrie. **(ein Tor schießen)**

5 **Nach dem Ausscheiden der brasilianischen Mannschaft** war ich sehr enttäuscht. **(ausscheiden)**

6 **Vor dem ersten Spiel Kameruns** glaubte keiner an den Sieg dieser Mannschaft. **(zum ersten Mal spielen)**

7 **Bei jedem wichtigen Spiel** traf ich mich mit meinen Freunden in der Kneipe. **(stattfinden)**

8 **Bis zum Beginn eines Spiels** diskutierten wir und schlossen Wetten ab. **(anfangen)**

9 **Bei Fehlentscheidungen des Schiedsrichters** tobten wir vor dem Fernseher. **(Fehlentscheidungen treffen)**

10 **Am Ende der Fußballweltmeisterschaft** waren wir urlaubsreif. **(zu Ende gehen)**

score: ... x 10 =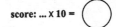

18 Conditions

a) Translate, using *wenn* in one half of your answer and a form of the verb *werden* in the other.

1 If she comes he will go.
2 If she came he would go.
3 If I had a lot of money I would buy a Mercedes.
4 If I bought a bike I would be healthier.
5 If they were really too fat they would have to slim.
6 I would play squash if I were allowed to.
7 If you want to have roller skates, my son, you must save your pocket money.
8 He will come tomorrow if he can afford it.
9 He would come the day after tomorrow if he could afford it.
10 If she went home I would commit suicide.

score: ... x 10 =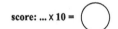

b) **Form sentences expressing conditions as shown in the example.**

Example: Sie haben einen wichtigen Brief. Sie schicken ihn am besten per Einschreiben.
— **Wenn/Falls** sie einen wichtigen Brief haben, schicken sie ihn am besten per Einschreiben.
— Haben sie einen wichtigen Brief, **(so/dann)** schicken sie ihn am besten per Einschreiben. **(no conjunction)**

1 Ich besorge mir eine internationale Kreditkarte. Ich kann im Ausland Geld abheben. **(wenn)**
2 Er schließt eine Lebensversicherung ab. Er muß monatlich 300 DM einbezahlen. **(no conjunction)**
3 Ich gewinne im Lotto. Ich zahle meine Schulden. **(falls)**
4 Das Finanzamt fordert eine Nachzahlung. Ich konsultiere meinen Steuerberater. **(no conjunction)**
5 Der Vermieter droht mit einer Mieterhöhung. Ich gehe zum Mieterverein. **(falls)**
6 Die Aktien steigen. Ich werde meine Anteile verkaufen. **(no conjunction)**
7 Wir werden eine Erbschaft machen. Wir werden einen Teil des Geldes an Greenpeace spenden. **(wenn)**
8 Er bekommt eine Gehaltserhöhung. Er muß mehr Steuern zahlen. **(no conjunction)**
9 Man gewährt ihr einen Kredit. Sie kann ein Geschäft eröffnen. **(falls)**
10 Sie ist zu hoch verschuldet. Sie macht Konkurs. **(no conjunction)**

score: ... × 10 = ◯

c) **Replace the phrase in bold by using the words in brackets.**

1 **Ohne deine Hilfe** kann ich das Auto nicht reparieren.
   (wenn/helfen)

2 **Bei Regen** müssen wir die Wanderung verschieben.
   (falls/regnen)

3 **Mit ein wenig Geduld** wirst du das Rätsel lösen.
   (wenn/Geduld aufbringen)

4 **Bei Höchstgeschwindigkeitsüberschreitung** müssen
   Sie mit einer Strafe rechnen. **(im Fall, daß/
   überschreiten)**

5 **Mit ein wenig Berufserfahrung** sind Sie den
   Anforderungen der Stelle gewachsen. **(vorausgesetzt,
   daß/verfügen über)**

6 **Bei Einnahme des Medikaments** müssen Sie mit
   Nebenwirkungen rechnen. **(wenn/einnehmen)**

7 **Mit Auslandserfahrungen** haben Sie bessere Chancen
   auf dem Arbeitsmarkt. **(unter der Bedingung, daß/
   vorweisen können)**

8 **Mit guten Spanischkenntnissen** können Sie den
   Quijote im Original lesen. **(unter der Bedingung, daß/
   sprechen)**

9 **Bei genauerem Hinsehen** können Sie das Original von
   der Fälschung unterscheiden. **(wenn/genau hinsehen)**

10 **Mit einem Stipendium** schreibe ich meine
   Doktorarbeit. **(angenommen, daß/erhalten)**

score: ... x 10 =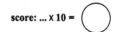

d) Select the appropriate conjunction.

1 Ich frage mich ernsthaft, **wenn/ob** er recht hat.
2 **Wann/Wenn** seine Geschichte stimmt, habe ich die Wette verloren.
3 **Als/Ob** du heute oder morgen kommst, ist mir gleichgültig.
4 **Als/Wenn** er klein war, verbrachte er seine Ferien oft bei seinen Großeltern.
5 **Ob/Wenn** ich Zeit habe, werde ich euch zum Bahnhof bringen.
6 Du kannst bei uns anrufen, **wenn/wann** immer du willst.
7 **Wenn/Ob** es morgen wohl regnen wird?
8 **Ob/Wenn** ich geahnt hätte, wie schrecklich diese Leute sind, hätte ich die Einladung nicht angenommen.
9 **Ob/Wenn** der Kurs Freitag abends stattfindet, wird die Hälfte der Teilnehmer fehlen.
10 Immer **wann/wenn** es Dallas im Fernsehen gibt, ist meine Oma nicht ansprechbar.

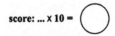

score: ... × 10 =

e) Translate these sentences into German.

1 If he's done this, he will be in trouble.
2 If she uses the motorway she will arrive before 5 o'clock.
3 If you believe the astrologists you can't escape your fate.
4 You (**du**) can take my car on condition that you come back at 6 o'clock.
5 Assuming the weather's nice, we'll eat outside.

6 I'll come if I can find the time.
7 In case you (**du**) see him, say hello for me.
8 Even when I don't have a lot of money, I go out a lot.
9 She goes for a walk in the park every day except when it rains.
10 You (**du**) can come with me provided that you don't have any other plans.

score: ... × 10 =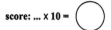

19 Cause and Effect

a) Make sentences using *weil* as shown in the example.

Die Familie war aus verschiedenen Gründen mit den Ferien zufrieden.

Example: **Vater:** Ich habe mich gut erholt; deshalb bin ich zufrieden.
Vater ist zufrieden, weil er sich gut erholt hat.

1 **Mutter:** Ich brauche nicht zu kochen.
2 **Opa:** Ich habe viele Wanderungen unternommen.
3 **Oma:** Ich konnte in Ruhe meine Handarbeit machen.
4 **Tochter:** Ich schlafe jeden Morgen bis 10 Uhr.
5 **Sohn:** Ich habe eine nette Italienerin kennengelernt.

Score: ... × 20 =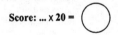

b) Make sentences using *weil*. Start the sentence with *Die Gäste kamen nicht* as in the following example.

Die Gäste kamen nicht, weil sie in den Süden fahren mußten.

1 Wir haben die Kinder nicht allein lassen können.
2 Wir haben meine Schwiegermutter vom Bahnhof abholen müssen.
3 Wir haben mit dem Hund zum Arzt fahren sollen.
4 Wir haben nicht ohne unsere Frauen kommen wollen.
5 Wir haben euer Haus nicht finden können.

6 Wegen einer Erkältung haben wir das Haus nicht verlassen dürfen.

7 Wir haben unbedingt das Fußballspiel sehen müssen.

8 Wir haben für einen Abend nicht so weit fahren wollen.

9 Wir haben das Auto nicht benutzen dürfen.

10 Wir haben zum Geschäftsessen mit einem Kunden gehen müssen.

score: ... x 10 =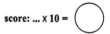

c) **Replace the phrase in bold with a subordinate clause beginning with *weil*.**

1 **Aus Angst vor seinen Eltern** hat er ihnen nichts von seinem schlechten Zeugnis erzählt.

2 **Auf seinen guten Orientierungssinn vertrauend** nahm er keine Karte mit.

3 **Vom Erfolg überzeugt** trainierten sie am Vorabend nicht mehr.

4 **Aufgrund des ständigen Regens** brachen sie die Ferien vorzeitig ab.

5 Er verzichtete auf ein Lehrerstudium **wegen der schlechten Berufsaussichten.**

score: ... x 20 =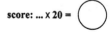

d) Join the two sentences with the conjunction in brackets.

1 Der Fußballspieler foulte seinen Gegner. Der Schiedsrichter gab einen Elfmeter. **(deshalb)**

2 Die Fans tobten auf der Tribüne. Die Veranstalter fürchteten um das Stadion. **(deswegen)**

3 Der Schiedsrichter gab eine rote Karte. Der Spieler hatte seinen Gegner an den Haaren gezogen. **(weil)**

4 Ein Orkan fegte über das Stadion. Das Spiel wurde unterbrochen. **(darum)**

5 Die Weltmeisterschaft verlief ohne größere Zwischenfälle. Die Regierung hatte an Spieltagen ein Alkoholverbot verhängt. **(da)**

6 Das Spiel endete unentschieden. Es wurde verlängert. **(deshalb).**

7 Das Tor wurde nicht anerkannt. Der Spieler befand sich im Abseits. **(denn)**

8 Die Mannschaft verlor ihr Spiel. Der beste Spieler wurde vom Platz gestellt. **(da)**

9 Alle Italiener verfolgten die Weltmeisterschaft vor dem Bildschirm. Die Straßen waren wie leergefegt. **(darum)**

10 Maradona wurde von den Zuschauern ausgepfiffen. Er spielte in Mailand schlecht. **(denn).**

score: ... × 10 =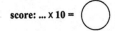

e) Translate these sentences.

1 I don't feel like dining in an Italian restaurant, especially since I had a pizza yesterday.

2 As he had not worked in the firm for long he couldn't take any holidays.

3 She arrived late at school because she missed the bus.

4 We're not staying more than one week as school starts on the 10th of September.

5 We left on Friday evening as there are always a lot of traffic jams on the motorway on Saturday morning.

6 As he didn't get there on time, we went to the theatre without him.

7 I won't write to you (**du**) as you're coming to see us next week.

8 The sportsman was very disappointed at his failure, especially because he had been sure of winning.

9 They need a bigger flat because they've got four children.

10 She's not getting married because she wants to remain independent.

score: ... × 10 =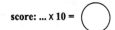

20 Consequences

a) Link the two sentences using *so daß* or *so ..., daß*. Use both forms where possible.

Example: Es war schönes Wetter. Sie konnten mit dem Auto aufs Land fahren.
— Es war schönes Wetter, so daß sie mit dem Auto aufs Land fahren konnten.
— Es war so schönes Wetter, daß sie ...

1 Auf der Landstraße herrschte viel Verkehr. Man konnte kaum überholen.
2 Beim Überholen hatte er sich verschätzt. Er konnte dem entgegenkommenden Fahrzeug nicht mehr ausweichen.
3 Auch einige nachfolgende Autos konnten nicht rechtzeitig bremsen. Es kam zu einer Massenkarambolage.
4 Die Straße war nicht mehr befahrbar. Sie mußte eine Stunde lang für den Verkehr gesperrt werden.
5 Ihr Auto war stark beschädigt. Sie konnten sich nicht selbst aus dem Wrack befreien.
6 Der Notarzt kam schnell. Den Verletzten wurde rasch geholfen.
7 Sie hatten glücklicherweise nur leichte Verletzungen. Sie konnten ambulant behandelt werden.
8 Die Beifahrerin des anderen Fahrzeugs war leichtsinnig gewesen. Sie hatte sich nicht angeschnallt.
9 Sie hatte schwere Verletzungen. Sie mußte drei Wochen im Krankenhaus bleiben.
10 Nach diesem Erlebnis war sie schockiert. Sie setzte sich nie wieder ans Steuer.

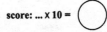

score: ... × 10 =

b) Fill in the gaps with *dermaßen* or *solch(e)*.

1 Es war ... laut, daß man sein eigenes Wort nicht verstand.
2 Es herrschte eine ... Kälte, daß die Rohre einfroren.
3 Ich hatte ... eine Angst, daß ich zu zittern begann.
4 Das Auto wies ... viele Schäden auf, daß sich eine Reparatur nicht mehr lohnte.
5 Auf der Autobahn war ... ein Verkehr, daß man nur im Schrittempo vorankam.
6 Er regte sich ... über das verlorene Fußballspiel auf, daß er einen Herzinfarkt erlitt.
7 Es gab eine ... schlechte Versorgungslage, daß es zu Aufständen kam.
8 Es war ... windig, daß einige Hausdächer abgedeckt wurden.
9 Sie hatte ... einen Respekt vor ihrem Chef, daß sie nicht zu widersprechen wagte.
10 Sie ist ... nervös, daß sie durch die Prüfung zu fallen droht.

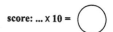

score: ... x 10 =

c) Translate these sentences.

1 It hasn't stopped raining so we have never been to the beach.
2 He was so tired that he fell asleep in front of the television.
3 She was so absorbed in her reading that she didn't hear the phone.

4 The football team's victory was such a surprise that we partied all night long.
5 He was so discreet that he was given the most delicate jobs.

score: ... × 10 =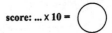

21 Concessions

a) **Join the sentences as logically as possible using *obwohl*, *obgleich* or *obschon*.**

1 Er bekam die Arbeit nicht. Er hatte die besten
   Voraussetzungen.
2 Sie mieteten die Wohnung. Sie entsprach nicht ganz
   ihren Wünschen.
3 Ich mußte keine Strafe bezahlen. Ich war bei Rot
   weitergefahren.
4 Er fuhr am Wochenende weg. Er hätte eigentlich
   arbeiten müssen.
5 Er war eigentlich Atheist. Er ging seiner Mutter zuliebe
   Weihnachten mit ihr in die Kirche.
6 Der Fußballspieler hatte eine Muskelzerrung. Er nahm
   am Pokalspiel teil.
7 Er kam nicht zur Besprechung. Er war über deren
   Wichtigkeit informiert worden.
8 Warum läßt du dich mit dieser Frau ein? Sie ist die Frau
   deines Chefs.
9 Sie hatte viele Sommersprossen. Sie wurde als
   Fotomodell entdeckt.
10 Er fuhr mit dem Auto nach Hause. Er hatte vier Bier
   getrunken.

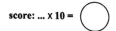

score: ... × 10 =

b) Join the sentences using the conjunction in brackets. Pay attention to the order of the sentences.

1 Sie ließ sich nicht scheiden. Ihr Mann schlug sie ständig. **(dennoch)**
2 Sie kochte täglich. Er beschwerte sich über das Essen. **(obwohl)**
3 Sie hielt diese Ehe nicht länger aus. Sie erzählte niemand von ihrer Situation. **(zwar ... aber)**
4 Sie begann nicht wieder zu arbeiten. Sie bekam kaum Geld von ihrem Mann. **(trotzdem)**
5 Sie ging nicht in ein Frauenhaus. Man hätte ihr dort sicher helfen können. **(obgleich)**
6 Der Vater kümmerte sich kaum um sie. Die Kinder hielten zum Vater. **(zwar ... aber dennoch)**
7 Die Nachbarn taten so, als wüßten sie von nichts. Sie kannten die Situation genau. **(allerdings)**
8 Er betrog sie ständig mit anderen Frauen. Sie machte ihm keine Vorwürfe. **(zwar ... dennoch)**
9 Sie wurde immer depressiver. Ihr Mann änderte sein Verhalten nicht. **(trotzdem)**
10 Sie kaufte sich ein Gewehr. Sie hatte keinen Waffenschein. **(dennoch)**

score: ... × 10 =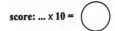

c) Translate these sentences.

1 He still smokes even though his wife is pregnant.
2 Although Peter is still young, he's got three children already.
3 Susan is against nuclear power stations. Nevertheless she isn't going to the demonstration.

4 Although the weather is nice, the children are playing indoors.

5 I don't speak a word of Chinese. However, I've decided to travel to China next year.

score: ... × 10 = ◯

d) **Construct logical sentences using *dennoch* or *trotzdem* to link them together.**

1 Er ist noch nicht achtzehn.

2 Sie hat kein Abitur.

3 Er ist erst vier Jahre alt.

4 Er hatte den Bus verpaßt.

5 Sie kennt Peter erst seit zwei Wochen.

6 Er will ein paar Kilo abnehmen.

7 Sie wohnt schon seit zwei Jahren hier.

8 Er hatte hohe Schulden.

9 Er trainiert jeden Tag.

10 Sie spielte jede Woche im Lotto.

a Er kam rechtzeitig zur Arbeit.

b Er fährt mit dem Auto seines Vaters.

c Er möchte auf sein tägliches Bier nicht verzichten.

d Sie hört Vorlesungen an der Universität.

e Sie kennt die Nachbarn noch nicht.

f Er kann schon seinen Namen schreiben.

g Sie heiratet ihn demnächst.

h Er kaufte sich ein teures Auto.

i Sie hatte noch nie 6 Richtige.

j Er gewinnt kein einziges Spiel.

score: ... × 10 = ◯

22 Comparisons and Means

a) **Join the two sentences as shown in the example.**

Example: Das Theaterstück war gut. Das hatte ich erwartet.
- **a** Das Theaterstück war so gut, wie ich es erwartet hatte.
- **b** Es war besser, als ich es erwartet hatte.

1 Der Andrang war groß. Das hatte ich befürchtet.
2 Die Karten waren schnell verkauft. Das hatte ich vermutet.
3 Die Inszenierung *(production)* war provozierend. Das hatte ich erwartet.
4 Das Bühnenbild war gelungen. Das hatte ich geglaubt.
5 Die Schauspieler waren überzeugend. Das hatte ich angenommen.
6 Die Hauptdarstellerin war ausgezeichnet. Das hatte ich erwartet.
7 Das Publikum war begeistert. Das hatte ich gedacht.
8 Der Applaus hielt lange an. Das hatte ich erwartet.
9 Der Regisseur war experimentierfreudig. Das hatte ich vermutet.
10 Der Theaterbesuch war lohnend. Das hatte ich angenommen.

score: ... × 10 = ◯

b) Fill in the gaps with *wie* or *als*.

1 Die Reise verlief anders, ... im Programm vorgesehen war.
2 Das Hotel war so komfortabel, ... es im Prospekt stand.
3 Das Meer war so schmutzig, ... in den Zeitungen berichtet wurde.
4 Die Einheimischen profitierten weniger vom Tourismus, ... sie erhofft hatten.
5 Der Tourismus expandierte so schnell, ... die Regierung geplant hatte.
6 Die Preise kletterten in die Höhe, ... man es von Touristenorten kennt.
7 Die Strände waren leerer, ... es um diese Jahreszeit üblich ist.
8 Die Reiseunternehmen machten ebenso hohe Gewinne, ... sie kalkuliert hatten.
9 Der Reiseleiter hatte bessere Ortskenntnisse, ... er angekündigt hatte.
10 Die Reisegruppe war wesentlich offener, ... es zunächst den Anschein hatte.

score: ... x 10 =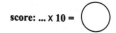

c) Complete these sentences as shown in the example.

Example: Je mehr er trinkt, ... **(laut werden).**
        Je mehr er trinkt, desto lauter wird er.

1 Je weniger ich esse, ... **(schlechte Laune haben).**
2 Je leiser du sprichst, ... **(ich/wenig verstehen).**
3 Je länger ich sie kenne, ... **(sympathisch finden).**
4 Je später es wurde, ... **(wir/fröhlich werden).**

5 Je mehr er erzählte, ... **(wir/sich langweilen)**.

Example: **(viel Geld verdienen)**, desto mehr gebe ich aus.
Je mehr Geld ich verdiene, ...

6 **(reich werden)**, desto geiziger ist er.
7 **(viele Schulden haben)**, desto besorgter ist sie.
8 **(die Inflation/hoch sein)**, desto schneller steigen die Preise.
9 **(die Wirtschaftslage/sich verschlechtern)**, desto mehr Arbeitslose gibt es.
10 **(die Preise/langsam steigen)**, desto niedriger ist die Inflationsrate.

score: ... × 10 =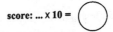

d) Join the two sentences as indicated in the example.

Example: Die Mieten im Stadtzentrum sind hoch. Viele Leute ziehen in Vororte.
Je höher die Mieten im Stadtzentrum sind, desto mehr Leute ziehen in Vororte.

1 Das Wohnungsangebot ist groß. Es ist leicht, eine Wohnung zu finden.
2 Viele Sozialwohnungen werden gebaut. Es gibt wenig Obdachlose.
3 Viele Wohnungen im Zentrum werden renoviert. Der Wohnraum wird dort teuer.
4 Die staatliche Wohnungsbaupolitik ist unsozial. Viele Leute werden benachteiligt.
5 Die Zinsen sind niedrig. Der private Wohnungsbau nimmt zu.

6 Wenige Menschen finden auf dem Land Arbeit. Viele ziehen in die Stadt.
7 Die Landflucht ist groß. Viele Slums entstehen.
8 Die Wohnungsverhältnisse sind unmenschlich. Die Kriminalität ist hoch.
9 Die hygienischen Verhältnisse sind katastrophal. Viele Menschen bekommen Infektionskrankheiten.
10 Es gibt wenig Studentenwohnheime. Es ist schwierig, als Student ein Zimmer zu finden.

score: ... × 10 = ◯

e) **Translate the following sentences into German.**

1 The more he drank, the more he talked.
2 Knowing my sister as I do, she'll get used to the new situation quickly.
3 As I wrote to you (**du**) in my last letter, I am working for my exam (**vorbereiten**).
4 As my departure approaches I am getting more and more nervous.
5 The less involved you (**du**) are the better.
6 The more you (**du**) explain, the less I understand.
7 I will take as much time as I need to.
8 As far as I know she's always been a very generous person.
9 I live as I want to.
10 He spends more money than he earns.

score: ... × 10 = ◯

f) Answer the questions using a modal subordinate clause. Follow the example.

Example: Wie kann man auf die Fragen antworten? (einen Nebensatz mit "indem" oder "dadurch, daß" benutzen).

Man kann auf die Fragen antworten, **indem/ dadurch, daß** man einen Nebensatz benutzt.

1 Wie könnten Chemiekonzerne die Wasserverschmutzung reduzieren? (**mehr Kläranlagen bauen**).

2 Wie kann die Stadtverwaltung den Verkehr verringern? (**mehr Fußgängerzonen einrichten und den öffentlichen Nahverkehr begünstigen**).

3 Wie können Industrieunternehmen die Luftverschmutzung vermindern? (**Filteranlagen einbauen**).

4 Wir kann die Regierung die Ozonschicht erhalten helfen? (**Spraydosen mit FCKW verbieten**).

5 Wie könnten Bauern den Nitratgehalt des Wassers reduzieren helfen? (**weniger Düngemittel benutzen**).

score: ... × 20 = ◯

g) Translate these sentences into German.

1 I went out of the building without anyone noticing.

2 She didn't say anything on the phone except that the meeting had to be postponed.

3 He got away by leaping out of the window.

4 He came towards me holding a bunch of flowers in his hand.

5 You **(man)** can learn a language by doing an intensive course in the country.

6 You **(man)** can become a mechanic by doing an apprenticeship.

7 We can help him by providing him with free accommodation.

8 She will be able to finish her PhD more quickly through having been offered a grant.

9 He looked out of the window and suddenly noticed a group of demonstrators at the crossroads.

10 We keep ourselves informed about the situation in Latin America by reading "El País" regularly.

score: ... x 10 =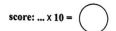

23 Purpose

a) **Answer the questions using either *um ... zu* or *damit*.**

1 Wozu beschäftigst du dich mit Informatik? (**meine Chancen auf dem Arbeitsmarkt/steigen**).

2 Wozu schickst du deinen Sohn zu einem Tanzkurs? (**nette Leute/kennenlernen**).

3 Wozu lernst du Türkisch? (**in den Ferien in der Türkei/sich verständigen**).

4 Wozu nimmst du Nachhilfestunden? (**meine Leistungen in Mathematik/verbessern**)

5 Wozu belegst du einen Kochkurs? (**mein Mann nicht länger über meine Kochkunst/sich beschweren**).

6 Wozu kaufst du dir einen Computer? (**meine Übersetzungsarbeit/beschleunigen**).

7 Wozu quälst du deine Kinder mit Latein? (**Cäsar im Original/lesen können**).

8 Wozu machst du einen Selbstverteidigungskurs? (**nachts in der Stadt/sich sicher fühlen**).

9 Wozu schickst du deine Kinder in die Musikschule? (**ein Instrument/spielen lernen**).

10 Wozu spekulierst du an der Börse? (**wir/eine Weltreise/sich leisten können**).

score: ... x 10 =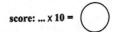

b) Make sentences following the example.

Example: Wenn Sie aufhören zu rauchen, leben Sie länger!
Hören Sie auf zu rauchen, damit Sie länger leben!

1 Wenn Sie keine Plastikflaschen kaufen, reduzieren Sie den Müllberg!
2 Wenn Sie weniger Salz zum Kochen nehmen, schonen Sie Ihre Gesundheit!
3 Wenn Sie Kondome benutzen, schützen Sie sich vor AIDS!
4 Wenn Sie dem Roten Kreuz Geld spenden, helfen Sie den Erdbebenopfern!
5 Wenn Sie die Fenster isolieren lassen, sparen Sie Heizkosten!
6 Wenn Sie phosphatfreies Waschmittel verwenden, entlasten Sie die Flüsse!
7 Wenn Sie im Dritte-Welt-Laden kaufen, unterstützen Sie die Kooperativen in Afrika!
8 Wenn Sie mit der Bundesbahn fahren, kommen Sie streßfrei ans Ziel!
9 Wenn Sie morgens Gymnastik machen, kommt Ihr Kreislauf in Schwung!
10 Wenn Sie sich ab und zu einen Geliebten gönnen, ist Ihre Ehe nicht so eintönig!

score: ... × 10 = $\bigcirc$

c) **Reformulate these sentences following the example.**

Example: Zur Beantragung eines Visums benötigen Sie ein
         Paßfoto.
         Um ein Visum zu beantragen, benötigen Sie ein
         Paßfoto.

1 Für die Verlängerung Ihrer Aufenthaltsgenehmigung
  brauchen Sie eine Bescheinigung Ihres Arbeitgebers.
2 Zum Ergreifen der Terroristen bildete die Polizei eine
  Sondereinheit.
3 Zur Bekämpfung des Analphabetismus in Afrika
  wurden neue Dorfschulen gebaut.
4 Zur Linderung der Schmerzen sollten Sie kalte
  Umschläge machen.
5 Für die Herstellung dieser Pralinen verwenden wir nur
  beste Zutaten.
6 Zur Überwachung des Oppositionellen wurde eine
  Abhöranlage installiert.
7 Zur Steigerung der Produktion erhöhte die
  Unternehmensleitung den Akkord.
8 Zur Vermeidung von Kindesmißhandlungen lancierte
  die Regierung eine Aufklärungskampagne.
9 Für die Einreise in dieses Land müssen Sie eine
  Gelbfieberimpfung nachweisen.
10 Für den Entwurf des Museumsneubaus wurde ein
  Architektenwettbewerb ausgeschrieben.

score: ... × 10 = ◯

24 Revision of Conjunctions

a) **Fill in the gaps with the following conjunctions:** *obwohl, dermaßen ..., daß, weil, um ... zu, nachdem, bevor, je ... desto, als, damit, sobald.*

1 Kurz ... die ersten Gäste kamen, waren Michael und Kerstin mit den Vorbereitungen fertig.

2 ... niemand verhungert, hatten sie Pizza gebacken und Salate vorbereitet.

3 Thomas kümmerte sich um die Musik, ... er eine große Plattensammlung hat.

4 ... er die erste Platte auflegte, begannen die ersten Paare zu tanzen.

5 ... die meisten mit dem Auto gekommen waren, wurde viel Alkohol getrunken.

6 Um Mitternacht war die Musik noch ... laut, ... sich die Nachbarn beschwerten.

7 ... später es wurde, ... ausgelassener wurde die Stimmung.

8 Ferran brachte seine Gitarre mit, ... einige spanische Lieder ... spielen.

9 ... es Mitternacht war, stießen alle auf Michaels Geburtstag an.

10 Kurz ... der letzte Gast gegangen war, fielen Michael und Kerstin todmüde ins Bett.

score: ... × 10 =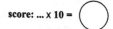

b) Fill in the gaps with the appropriate conjunctions.

Es war früh am morgen, rein und leer, ich ging zum Bahnhof.
(1) ... ich eine Turmuhr mit meiner Uhr verglich, sah ich, (2)
... es schon viel später war, (3) ... ich geglaubt hatte. (4) ...
mußte ich mich sehr beeilen. Der Schrecken über diese
Entdeckung ließ mich im Weg unsicher werden, (5) ... ich
mich in dieser Stadt noch nicht sehr gut auskannte.
Glücklicherweise war ein Schutzmann in der Nähe. (6) ... ich
zu ihm gelaufen war, fragte ich ihn atemlos nach dem Weg.
Er lächelte und sagte: "Von mir willst du den Weg erfahren?"
"Ja", sagte ich, "(7) ... ich kann ihn selbst nicht finden."
"Gib's auf, gib's auf", wiederholte er, (8) ... er sich mit einem
großen Schwunge abwandte, (9) ... es Leute tun, (10) ... sie
mit ihrem Lachen allein sein wollen. (nach Franz Kafka)

score: ... × 10 =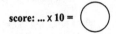

c) Link these sentences using the appropriate conjunction.

1 Ich wollte bezahlen. Das Portemonnaie fiel mir aus der
   Hand.
2 Wir konnten "La Traviata" nicht sehen. Es gab keine
   Karten mehr.
3 Ich fahre in die Stadt. Ich möchte mir ein Paar Schuhe
   kaufen.
4 Er war ganz durcheinander. Die richtige Antwort fiel
   ihm nicht ein.
5 Er trat ein. Ich bemerkte ihn nicht.
6 Das Wetter ist naßkalt. Im letzten Jahr war es zu dieser
   Zeit ebenso.
7 Sie hatte ein langes Telefongespräch geführt. Danach
   saß sie nachdenklich am Tisch.

8 Er hat alle Prüfungen bestanden. Dennoch ist er unzufrieden.
9 Wir spielten Schach und er verlor. Er ärgerte sich jedesmal.
10 Der Koffer ist so schwer. Man kann ihn nicht zum Bahnhof tragen.

score: ... × 10 =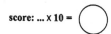

d) **Replace the phrase in bold with a subordinate clause.**

1 **Bei der Vereidigung des neuen Kabinetts** waren alle Abgeordneten anwesend.
2 **Wegen der Steuererhöhung** kam es zu heftigen Protesten.
3 **Trotz Stimmenverlusten** blieben die Konservativen an der Regierung.
4 **Zur Verabschiedung des neuen Gesetzes** war eine Zwei-Drittel-Mehrheit erforderlich.
5 **Mit nur einer Stimme Mehrheit** ist es schwer zu regieren.
6 **Nach dem Verlust der Wahl** ließ die Partei ihren Vorsitzenden fallen.
7 **Vor Beginn der Sommerpause** verabschiedete das Parlament einige wichtige Gesetze.
8 **Strahlend** verkündete der Kanzler das Wahlergebnis.
9 **Aus Angst vor einer Blamage** stimmten die Abgeordneten gegen eine Diätenerhöhung.
10 **Bis zum Inkrafttreten des neuen Gesetzes** vergehen noch einige Monate.

score: ... × 10 =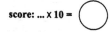

e) Translate these sentences into German.

1 I'll make myself useful until he arrives.
2 It's not that Michael is lazy, but he's just not dynamic enough.
3 Although I am generally tolerant, I find it difficult to put up with tactless people.
4 He hasn't received my letter, that's why he hasn't answered.
5 She calmed down so that the others wouldn't think her hysterical.
6 Don't write your letter in such a way that nobody can read it.
7 He did the job without having been expressly asked to.
8 If it's true I'm surprised.
9 The better I know him, the more I like him.
10 This employee is very competent, whereas his boss is much less so.

score: ... × 10 = ◯

f) Translate these sentences into German.

1 If we set off early we'll still have the whole day in front of us.
2 As she had lost her way she turned to a policeman.
3 There are people who want to talk about everything, although they know nothing.
4 Once this contract is signed, the prices will no doubt rise.
5 She has decided to leave her small town, although she knows that life in a big city is not easy.

score: ... × 20 = ◯

25 Use of the Infinitive

a) Write sentences following the example.

Example: Er empfahl mir: Kauf dieses Auto!
Er empfahl mir, dieses Auto zu kaufen.

1 Der Ehemann riet seiner Frau: Unterschreib den Vertrag nicht!
2 Der Kunde hat uns gedroht: Ich bezahle die Rechnung nicht!
3 Man verlangte von ihnen: Melden Sie sich sofort an!
4 Die Dame im Reisebüro schlug ihm vor: Verbringen Sie Ihren Urlaub doch in Schottland!
5 Der Offizier befahl den Soldaten: Marschiert im Gleichschritt!
6 Die Mutter rief dem Kind zu: Paß auf!
7 Der Fußgänger empfahl uns: Biegen Sie an der nächsten Ampel links ab!
8 Der Lehrer fordert die Schüler auf: Wartet hier!
9 Er versprach seiner Freundin: Ich begleite dich nach Hause!
10 Der Arzt legt mir nahe: Treiben Sie mehr Sport!

Score: ... x 10 =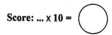

b) Write sentences in the present tense following the example.

Example: der Gastgeber/sich kümmern um **(a)** die Gäste **(b)** das Essen servieren.
   (a) Der Gastgeber kümmert sich um die Gäste.
   (b) Der Gastgeber kümmert sich darum, das Essen zu servieren.

1 der Vermieter/bitten um **(a)** Ruhe **(b)** die Musik leiser stellen und die anderen Mieter nicht wecken.

2 die Polizei/warnen vor **(a)** Einbrechern in den Sommerferien **(b)** fremden Menschen die Haustür öffnen.

3 die Oppositionsparteien/auffordern zu **(a)** Demonstrationen **(b)** gegen das neue Gesetz Widerstand leisten.

4 das Fremdenverkehrsbüro/kommen auf **(a)** neue Ideen **(b)** mehr für Jugendliche anbieten.

5 mein Vater/uns überreden zu **(a)** einem Picknick im Grünen **(b)** einen Ausflug aufs Land unternehmen.

6 der Chef/gebeten werden um **(a)** eine Gehaltserhöhung **(b)** mehr Urlaub bewilligen.

7 ich/sich ärgern über **(a)** dein Verhalten **(b)** nicht gefragt werden.

8 sein Reaktionsvermögen/ihn bewahren vor **(a)** einem Unfall **(b)** dem entgegenkommenden Wagen nicht rechtzeitig ausweichen.

9 er/seinen Bruder bitten um **(a)** einen Gefallen **(b)** ihm bei der Autoreparatur helfen.

10 der Nobelpreisträger/sich einsetzen für **(a)** den Weltfrieden **(b)** den Bürgerkrieg in seinem Land beenden.

score: ... × 10 = ◯

c) Reformulate these sentences using the expressions in brackets. Follow the example.

Example: Herr Müller will nächstes Jahr nach Mexiko fahren
(**die Absicht haben**).
Herr Müller hat die Absicht, nächstes Jahr nach Mexiko zu fahren.

1 Ich möchte meine alten Freunde wiedersehen (**Lust haben**).
2 Wir können heute abend nicht ausgehen (**keine Zeit haben**).
3 Brigitte darf am Kongreß in Tokio teilnehmen (**die Gelegenheit nutzen**).
4 Herr Schneider will nicht mit dem Flugzeug fliegen (**Angst haben**).
5 Sylvia und Martin möchten im Mai heiraten (**die Absicht haben**).
6 Nach der Scheidung darf Herr Binder seine Tochter am Wochenende besuchen (**das Recht haben**).
7 Familie Klein möchte kurzfristig eine Reise buchen (**Schwierigkeiten haben**).
8 Schüler können ein Jahr bei einer amerikanischen Familie verbringen (**die Möglichkeit haben**).
9 Der Bergsteiger will den Mount Everest allein besteigen (**den Mut besitzen**).
10 Herr Kaufmann zeigt seinen Nachbarn wegen Ruhestörung an (**die Frechheit haben**).

score: ... × 10 =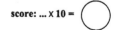

d) Reformulate these sentences as shown in the example.

Example: Du liest Comics. Du solltest lieber ein gutes Buch lesen.

Anstatt Comics zu lesen, solltest du lieber ein gutes Buch lesen.

1 Du siehst fern. Du solltest lieber draußen spielen.
2 Du träumst den ganzen Tag. Du sollst lieber für die Schule arbeiten.
3 Du kaufst dämliche Zeitschriften. Du sollst lieber eine Zeitung lesen.
4 Du gehst jeden Abend lange aus. Du solltest lieber rechtzeitig ins Bett gehen.
5 Du ärgerst deine kleine Schwester. Du solltest ihr lieber bei den Hausaufgaben helfen.

Example: Er ging weg. Er verabschiedete sich nicht.

Er ging weg, ohne sich zu verabschieden.

6 Er fuhr in Urlaub. Er gab mir seine Adresse nicht.
7 Er brachte mir seine Katze. Er sagte mir nicht, was sie frißt.
8 Der Arzt verschrieb ein Medikament. Er klärte den Patienten nicht über die Nebenwirkungen auf.
9 Der Kunde verließ den Laden. Er hatte nichts gekauft.
10 Er überquerte die Grenze. Er wurde nicht kontrolliert.

score: ... × 10 =

e) Fill in the gaps with _um ... zu_, _ohne ... zu_ or _anstatt ... zu_.

1 Du bist noch zu jung, ... dieses Problem ... verstehen.

2 Die Firmenleitung entließ einen Angestellten, ... den Betriebsrat vorher ... informieren.

3 Ich verdiene zu wenig Geld, ... mir diese Reise leisten ... können.

4 Der Ehemann saß vor dem Fernseher und ließ sich bedienen, ... seiner Frau ... helfen.

5 In Paris kann man keine Wohnung mieten, ... eine Einbruchsversicherung ab...schließen.

6 Die Musiker spielen in der U-Bahn, ... etwas Geld ... verdienen.

7 ... sich um ihre Kinder ... kümmern, geht Frau Berger jeden Tag Tennis spielen.

8 Sie kaufte sich ein teures Kleid, ... auf den Preis ... achten.

9 Die Studentin geht jeden Tag ins Freibad, ... sich auf ihr Examen vor...bereiten.

10 ... den Zug noch rechtzeitig ... erreichen, sollten wir ein Taxi nehmen.

score: ... × 10 =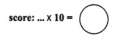

26 The Relative Clause

a) **Select the appropriate relative pronoun.**

1 Wo wohnen die Leute, **die** ich das Paket bringen soll?
   (denen / die / dem)

2 Dort sitzt meine Freundin, **der** Vater Spanier ist.
   (den / der / deren)

3 Der Mann, **dessen** Frau gestern Zwillinge bekam, hat
   einen Schock.
   (die / dessen / deren)

4 Den Onkel, **der** du eingeladen hast, kenne ich.
   (den / der / dem)

5 Heute traf ich dieses Ehepaar, **das** du gestern
   geholfen hast.
   (der / das / dem)

6 Heute habe ich den Film gesehen, von **dem** wir am
   Wochenende sprachen.
   (denen / dem / das)

7 Sie wählen den Präsidenten, **dem** ihnen schnellen
   Reichtum versprach.
   (der / dem / den)

8 Gestern trafen sich die Eltern, **denen** Kinder
   nach England fahren.
   (dessen / denen / deren)

                                  die

9 Im Park traf er die alte Dame, **der** immer mit ihrem

                                    den

    Hund spricht.

                                  dem

10 Er kaufte sich den Mantel, **der** im Ausverkauf war.

                                    das

score: ... 10 = ◯

---

b) Link the two sentences with a relative pronoun.

1 Die Frau heißt Bauer. Sie wohnt seit zwei Jahren neben uns.

2 Unsere Nachbarin macht viele Reisen. Ihr Mann starb vor einigen Jahren.

3 Ihren Hund führt sie täglich im Park aus. Ihm hat sie ein rotes Mäntelchen gestrickt.

4 Die Leute grüßt sie freundlich. Sie begegnet ihnen auf ihren Spaziergängen.

5 Auf ihren Reisen besucht sie auch manchmal ihren Sohn. Er arbeitet in Paris als Ingenieur.

6 Ein anderer Sohn wohnt in der Nähe. Ich habe ihn noch nie gesehen.

7 Seit ein paar Wochen sieht man sie häufiger in Begleitung eines älteren Herrn. Seinen Namen kenne ich aber nicht.

8 Den Kindern erzählt sie abenteuerliche Geschichten von ihren Reisen. Sie lädt sie manchmal zu einem Eis ein.

9 Mit den Reisen versucht sie, ihre Einsamkeit zu verdrängen. Die Einsamkeit könnte sie sonst nicht ertragen.

---

10 Manchmal geht sie mit dem Pfarrer ins Kino oder
Theater. Seine Frau ist neulich gestorben.

score: ... × 10 = ◯

c) **Fill in the gaps with *wo*, *wohin* or *wo* followed by a
preposition (*worauf*, *woran* etc).**

1 Ich sah ihn zuletzt vor zehn Jahren, ... ich mich aber
kaum noch erinnere.

2 Die Miete soll erhöht werden, ... die Mieter sehr
verärgert sind.

3 Das Haus, ... ich geboren wurde, mußte einer neuen
Schnellstraße weichen.

4 Die Sommerferien werden wir in Italien verbringen, ...
ich mich jetzt schon freue.

5 Gestern kam er früher als geplant von einer Reise
zurück, ... sie nicht gerechnet hatte.

6 Nichts von dem, ... er sich vorbereitet hatte, wurde in
der Prüfung gefragt.

7 Er zeigte den ganzen Abend seine Urlaubsdias, ... sich
die Gäste nur wenig interessierten.

8 Dort hinten, ... der Kirchturm steht, beginnt die
Altstadt.

9 Der Staat will die Steuern erhöhen, ... die Bürger
protestieren.

10 Die deutsche Stadt, ... die meisten amerikanischen
Touristen fahren, ist Heidelberg.

score: ... × 10 = ◯

d) Fill in the gaps with *wer, wessen, wem, wen* or *was.*

1 Das, ... ich dir soeben erzählt habe, bleibt aber unter uns.
2 ... das nicht interessiert, kann nach Hause gehen.
3 ... die Kosten zu hoch sind, kann einen Zuschuß bekommen.
4 ... Eltern zu viel verdienen, bekommt keine Arbeitslosenhilfe.
5 ... anderen eine Grube gräbt, fällt selbst hinein.
6 Die Einbrecher nahmen mit, ... sie tragen konnten.
7 ... noch Fragen hat, melde sich bitte.
8 ... der Kaffee zu stark ist, der kann sich Milch nehmen.
9 ... Auto noch ohne Katalysator fährt, muß höhere Steuern zahlen.
10 ... der neue Film interessiert — heute abend findet eine Diskussion mit dem Regisseur statt.

score: ... × 10 = ◯

e) Fill in the gaps with the appropriate preposition and relative pronoun.

Gestern traf er die Frau, **(1)** ... Hochzeit er eingeladen war. Oft dachte er an den Tag, **(2)** ... er sie zum ersten Mal gesehen hatte. Sie wohnte bei ihrem kranken Vater, **(3)** ... sie sich täglich kümmern mußte. Er traf sie in der Straße, **(4)** ... er seit Jahren wohnte. Als er sich nach ihr umsah, übersah er eine Laterne, **(5)** ... er mit seinem Kopf stieß. Sie eilte erschrocken herbei und bot Hilfe an, **(6)** ... er sich höflich bedankte. Die Entschuldigungen, **(7)** ... er suchte, um sein ungeschicktes Verhalten zu erklären, klangen unglaubwürdig.

Abends lud er sie in ein Restaurant ein, (8) ... er schon viel
gehört hatte, (9) ... er aber noch nie persönlich war. Das
Essen, (10) ... er sich nach langen Überlegungen entschlossen
hatte, war vorzüglich. Sie verabredeten, sich am nächsten
Tag, (11) ... er nicht arbeiten mußte, wiederzusehen. Am
darauffolgenden Wochenende fuhren sie aufs Land zu
Freunden, (12) ... sie lange Spaziergänge unternahmen. Sie
verlebten einige glückliche Monate, (13) ... er sich mit
Wehmut erinnerte. Dann bot ihm sein Chef eine Stelle an,
(14) ... er nicht zu träumen gewagt hätte. Dieses Angebot,
(15) ... er lange nachdachte, reizte ihn sehr, aber es würde ein
Jahr Amerika, ein Jahr Trennung von ihr bedeuten. Das
Gespräch mit ihr, (16) ... er sich so gefürchtet hatte, verlief
sachlich. Zum Abschied schenkte sie ihm ein Amulett, (17) ...
er aufpassen sollte, es würde ihm Glück bringen.
Bei seiner Rückkehr empfingen ihn Freunde und Bekannte,
aber sie, (18) ... er wie selbstverständlich gerechnet hatte, war
nicht da. Sie rief später an. Mit leiser Stimme gestand sie, ein
Kind zu erwarten. Der Vater sei der Freund, (19) ... sie ihm
schon früher erzählt habe. Ihre Religion verlange es, diesen
Mann, (20) ... sie allerdings keine Liebe empfände, zu
heiraten.

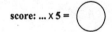

score: ... × 5 =

f) Translate these sentences.

1 This is the house on the roof of which a new aerial is
being installed.
2 The pedestrian who was asked for directions was also a
tourist.
3 The house I still remember was situated by the sea.

4 All I can offer you **(Sie)** are these two places in the front row.

5 I still don't know the country you **(du)** are going to this year.

score: ... x 20 = ◯

27 Participles

a) Change the relative clause into a phrase using the present participle as shown in the example.

Example: die Elefanten, die zentnerweise Heu verspeisen.
die zentnerweise Heu verspeisenden Elefanten.

Im Zoo betrachten wir

1 die Affen, die sich wie Menschen verhalten.
2 die Löwen, die Erwachsene und Kinder erschrecken.
3 die Lamas, die auf die Zoobesucher spucken.
4 die Krokodile, die unbeweglich im Wasser liegen.
5 die Papageien, die menschliche Laute von sich geben.
6 die Schlangen, die lebendige Kaninchen verschlingen.
7 die Nashörner, die ihre Mäuler weit aufsperren.
8 die Robben, die sich im Bassin tummeln.
9 die Schildkröten, die sich im Schneckentempo
   fortbewegen.
10 die Esel, die immer sehr gutmütig aussehen.

score: ... × 10 =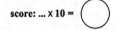

b) Change the relative clause into a phrase using the past participle as indicated in the example.

Example: das Reichstagsgebäude, das von den
Nationalsozialisten 1933 in Brand gesteckt wurde.
das von den Nationalsozialisten 1933 in Brand
gesteckte Reichstagsgebäude.

Was für Sie in Berlin interessant sein könnte.

1 die Gedächniskirche, die im Zweiten Weltkrieg durch
Bombenangriffe schwer zerstört wurde.
2 der Kurfürstendamm, den man im Volksmund
Ku'damm nennt.
3 die Prachtstraße unter den Linden, die unter der
Herrschaft Friedrichs des Großen entstanden ist.
4 der Palast der Republik, der 1976 vollendet wurde.
5 die Humboldt-Universität, die nach dem Sprachforscher
und Humanisten Wilhelm von Humboldt benannt ist.
6 das Deutsche Theater, das vor allem durch den
Regisseur Max Reinhardt berühmt wurde.
7 das Brandenburger Tor, das im Jahre der Französischen
Revolution von Carl Gotthard Langhans erbaut wurde.
8 das Europa-Center, das als Berliner Attraktion 1965
eröffnet worden ist.
9 die Deutsche Oper, die im Zweiten Weltkrieg völlig
ausgebombt worden war.
10 die Hufeisensiedlung, die von 1925-31 als vorbildliche
Wohnsiedlung angelegt worden war.

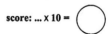

score: ... x 10 =

c) **Change the phrase in bold into a relative clause.**

Leipzig

1 **Das mit 559 000 Einwohnern die zweitgrößte Stadt
   Ostdeutschlands darstellende** Leipzig liegt in der
   Leipziger Tieflandsebene.

2 **Die den Handel und Verkehr zwischen Ost und West
   begünstigende** zentrale mitteleuropäische Lage schuf
   ideale Voraussetzungen für die Entstehung der
   weltbekannten Messen.

3 So war die Stadt bereits im 13. Jahrhundert ein
   bedeutender **durch Befestigungsanlagen geschützter**
   Handelsplatz.

4 **Die als Vorläufer der späteren Messen geltenden**
   Märkte kann man urkundlich bis zum Jahre 1268
   zurückverfolgen.

5 **Die sich bereits im 15. Jahrhundert zu einem
   Zentrum des Buchdrucks entwickelnde** Stadt ist nach
   wie vor eine anerkannte Buchmetropole.

6 **Die alljährlich stattfindende** Internationale Leipziger
   Buchmesse ist weltweit bekannt.

7 An der **im Jahre 1409 gegründeten** Leipziger
   Universität studierten im 18. Jahrhundert unter anderen
   Lessing, Goethe, Klopstock und Jean Paul.

8 Mit der Thomaskirche, der ältesten Kirche der Stadt,
   verknüpft sich der Name des **dort von 1723-1750 als
   Kantor wirkenden** Johann Sebastian Bach.

9 In der **heute nicht mehr existierenden** Thomaskirche
   lebte der Komponist bis zu seinem Tode.

10 Das **1871 gegründete und weltweit bekannt
   gewordene** Gewandhausorchester ist ein weiteres
   Beispiel für den Ruhm Leipzigs als Musikstadt.

score: ... x 10 = 〇

d) Translate these sentences into English.

1 Die steigenden Preise bedrohen die politische Stabilität des Landes.

2 Die sich stündlich vergrößernde Menge protestiert gegen die Wirtschaftspolitik der Regierung.

3 Die von der Weltbank großzügig gewährten Kredite erhöhen die Verschuldung des Landes.

4 Die in den östlichen Ländern eingeführte Marktwirtschaft wird einen hohen sozialen Preis haben.

5 Die gegenwärtig in Rußland stattfindenden politischen Reformen stellen eine große Herausforderung dar.

score: ... x 20 =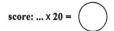

28 Negatives

a) Give the negative answer.

Example: Kannst du mir dein Auto leihen?
Nein, ich kann dir mein Auto nicht leihen.

1 Fährst du nach Spanien mit?
2 Erinnerst du dich an ihren Namen?
3 Dürfen wir hier Feuer machen?
4 Kannst du Ski fahren?
5 Hatte man Beckers Sieg erwartet?
6 Liebst du mich?
7 Spielt er gut Klavier?
8 Holst du mich von der Schule ab?
9 Hat er sich um die Stelle bemüht?
10 Kannst du mir helfen?

score: ... x 10 =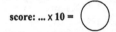

b) Where would you place *nicht*? Circle the letter corresponding to the right answer.

1 Warum bist du (a) gestern (b) mitgekommen?
2 Ich kann (a) dich (b) bei diesem Lärm (c) verstehen.
3 Trotz der vielen Arbeit arbeite (a) ich (b) heute (c) länger.
4 Ich hätte sie (a) mit ihrer neuen Frisur (b) fast (c) wiedererkannt.
5 (a) Unterbrich mich (b) immer (c), wenn ich dir etwas sage!

6 Du willst **(a)** mir **(b)** doch **(c)** sagen, daß du nicht kommst?
7 Der Bankangestellte hat sich **(a)** seiner Firma gegenüber **(b)** immer korrekt **(c)** verhalten.
8 **(a)** Wissen **(b)** Sie **(c)** zufällig, wo er wohnt?
9 Er wird **(a)** wahrscheinlich **(b)** informiert **(c)** worden sein.
10 **(a)** Sehr überzeugend war sein Vorschlag **(b)** auf jeden Fall **(c)**.

score: ... x 10 =

c) **Fill in the gaps with *kein* or *nicht*.**

1 Mein Bruder spielt ... Tennis, sonderen Squash.
2 Der Chef hat heute ... Zeit für Sie!
3 In Italien gibt es ... sauberen Strände mehr.
4 In Spanien sind auch ... alle Küsten sauber.
5 Ich habe ... Lust, ans Meer zu fahren.
6 Er hat heute ... Glück gehabt.
7 Schon seit Jahren treibe ich ... Sport mehr.
8 ... frankierte Briefe werden nicht befördert.
9 Eine andere Möglichkeit gibt es zur Zeit ... .
10 Es hat ... Sinn, so viel Geld auszugeben.

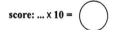

score: ... x 10 =

d) Fill in the gaps with *nicht* or *nichts*.

1 Sprechen Sie bitte lauter, ich verstehe Sie ... .
2 Von dem Vortrag habe ich ... verstanden.
3 Verschwinde, du hast hier ... verloren!
4 Ich kann mir ... vorstellen, daß dich ... interessiert.
5 Der Politiker behauptet, ... von der Sache zu wissen.
6 Wenn du ... lernst, wirst du das Examen ... bestehen.
7 Beim Flug durch die Wolken kann der Pilot ... sehen.
8 Der Fußballspieler konnte ... dafür, daß er den Gegner am Bein verletzte.
9 Der Redner sagte ..., was andere ... schon gesagt hätten.
10 Der Nichtraucher beschwerte sich, als sein Mitreisender das Verbotsschild ... beachtete.

score: ... X 10 =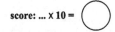

e) Make the following sentences negative.

1 Herr Bauer geht immer zum Arzt.
2 Frau Schulze hat alles versucht, um abzunehmen.
3 Überall wird vor zu viel Alkoholgenuß gewarnt.
4 Er braucht die Medikamente noch, um gesund zu werden.
5 Jemand hat mir geraten, eine Kur zu machen.
6 Hast du jemals versucht, das Rauchen aufzugeben?
7 Bei dem Autounfall erlitt er eine Verletzung.
8 Er ließ sich gegen Tetanus impfen.
9 Vor dem Zahnarztbesuch hatte sie immer Angst.
10 Nach der Operation hatte er noch Beschwerden.

score: ... X 10 =

29 Word Order

a) Place the verb in brackets in the correct position in the sentence.

1 Und anschließend wir uns mit Freunden treffen **(wollen)**.
2 Entgegen allen Prognosen die Oppositionspartei die Wahl **(gewann)**.
3 Warum du erst so spät **(kommst)**?
4 Die Punker von einer Gruppe Neofaschisten **(werden... verprügelt)**.
5 Gegenüber der Post ein Kino **(befindet sich)**.
6 Sie mir bitte sagen, wie ich zum Bahnhof komme **(könnten)**?
7 Trotz des starken Regens das Fußballspiel **(fand ... statt)**.
8 Nach zähen Verhandlungen man endlich zu einem Ergebnis **(war ... gekommen)**.
9 Sie nicht bei Rot über die Straße **(gehen)**!
10 Wir konnten ihn nicht verstehen, weil er zu schnell **(sprach)**.

score: ... X 10 =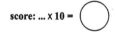

b) Form sentences in the present tense beginning with the element in bold.

1 arbeiten/im Büro/**Frau Meier**/jeden Tag
2 **täglich**/im Wald/ausgeführt werden/der Hund
3 Großmutter/**seine**/auf dem Land/wohnen

4 ins Freibad/gehen/**im Sommer**/Michael
5 schreiben/seinen Namen/**ihr Sohn**/können
6 fahren/in die Stadt/jeden Morgen/mit der Straßenbahn/
   er
7 wegen des Wetters/zu Hause/**wir**/müssen/bleiben/heute
8 **Nur mit ihrem Vater**/im Walde/abends/sie/dürfen/
   gehen/sparzieren
9 **Wenn**/dunkel/die Sterne/es/sein/funkeln
10 Schicken/schicken/er/es/mir/Geld/meinem Sohn/**jeden
   Monat**/aber/zurück/ich

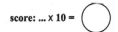

score: ... × 10 =

**c) Rewrite the following sentences beginning with an
element other than the subject.**

Example: Er fliegt morgen nach Berlin
         Morgen fliegt er nach Berlin.

1 Er wohnt wahrscheinlich im Hotel Vier Jahreszeiten.
2 Die Firma kann ihn dank seines Autotelefons überall
  erreichen.
3 Die wichtigsten Informationen für die Verhandlung
  wurden ihm per Telefax gegeben.
4 Er konnte mit per Verhandlungsergebnis sehr
  zufrieden sein.
5 Das Unternehmen kam aufgrund des erfolgreichen
  Vertragsabschlusses aus den roten Zahlen.

score: ... × 20 =

d) Rewrite the following sentences putting the components in the right order.

General rule:

Ich schreibe	wann? morgen	Dativ Objekt meinem Mann	warum? wegen der Sache

wie? schnell	Akk. Objekt einen Brief	wo/wohin? nach Italien.	

1. Der Arzt verschreibt ... (a) gegen die Schmerzen (b) ein Medikament (c) dem Kranken.
2. Der Verbrecher konnte ... entfliehen (a) mit einem Komplizen (b) ungesehen (c) gestern (d) aus dem Gefängnis.
3. Der Minister hat ... bekannt gegeben. (a) den Journalisten (b) seinen Rücktritt (c) wegen des Skandals (d) heute.
4. Die Demonstranten sperrten ... (a) in der Innenstadt (b) aus Protest gegen die neue Autobahn (c) die Kreuzung (d) erfolgreich.
5. Er überraschte ... (a) mit einem fremden Mann (b) sie (c) im Schlafzimmer (d) gegen Mitternacht.
6. Der Vater schenkte ... (a) wie selbstverständlich (b) seiner Tochter (c) eine Reise (d) zum Geburtstag (e) nach Australien.
7. Die Gewerkschaften fordern ... (a) von den Arbeitgebern (b) seit Jahren (c) in den Tarifverhandlungen (d) die 35-Stunden-Woche.
8. Die Mutter konnte ... verbringen (a) mit ihrem Sohn (b) auf dem Spielplatz (c) dank des schönen Wetters (d) den ganzen Tag.
9. Sie hat ... verlassen (a) türenknallend (b) am Morgen (c) die Wohnung (d) wegen des Streits.

10 Sie stellte ... vor (a) flüchtig (b) am Wochenende (c)
mir (d) ihren neuen Freund (e) auf einem Empfang.

score: ... × 10 =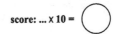

e) **Using the given phrases make different sentences. The number of variations is given in brackets.**

1 (a) zu Hause (b) ich (c) meine Sommerferien (d)
verbringe (3)
2 (a) jede Woche (b) kauft (c) eine neue Schallplatte (d)
er (e) sich (3)
3 (a) traf (b) in der Stadt (c) gestern (d) ich (e) zufällig (f)
eine alte Schulfreundin (6)
4 (a) kam (b) zu vielen Unfällen (c) es (d) wegen des
Glatteises (3)
5 (a) seit einer Stunde (b) vergeblich (c) ich (d) warte (e)
auf ihn (6)

score: ... × 20 =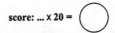

f) **(i) Make the following sentences subordinate clauses beginning with *Die Zeitungen berichten, daß* ...**

1 Niedrige Kaffeepreise bedeuten geringere Löhne für die
Kaffeepflücker.
2 Die Abholzung des Regenwaldes beeinflußt unser
Klima.
3 Man soll die Dritte-Welt-Läden unterstützen.

4 Es wurde nicht genug gegen die Beseitigung des
Analphabetismus getan.
5 Immer weniger Firmen wollen in Afrika investieren.

**(ii) Rewrite the sentences beginning with the subordinate
clause.**

6 Die afrikanischen Länder bewältigen ihre Krise nie,
wenn die reichen Länder ihnen nicht helfen.
7 In der Sahelzone verhungern immer wieder Menschen,
da es dort oft jahrelang nicht regnet.
8 Die Rassentrennung ist noch nicht ganz aufgehoben
worden, obwohl mit Reformen begonnen wurde.
9 Viele Diktatoren haben in die eigene Tasche
gewirtschaftet, bevor sie durch einen Putsch beseitigt
wurden.
10 Die Kolonialmächte entzogen sich ihrer Verantwortung,
nachdem die Länder unabhängig waren.

score: ... × 10 =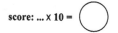

**g) Join the sentences using the given conjunction and
deleting the subject in the second sentence when possible.**

Katze im Mikrowellenherd

1 Frau F. hatte einen Mikrowellenherd gekauft. Für ihre
große Familie hielt sie diese Anschaffung für sinnvoll.
(denn)
2 Sie konnte nicht nur Tiefgefrorenes auftauen. Sie
konnte auch schnell eine Mahlzeit aufwärmen.
(sondern)

3 Eines Tages kam sie auf die Idee, ihre Katze zu
waschen. Sie wußte nicht, wie sie sie trocknen sollte.
(aber)

4 Sie setzte die Katze in den Mikrowellenherd. Sie stellte
die Uhr auf 2 Minuten. **(und)**

5 Die Katze starb aufgrund der hohen Hitze. Sie
hatte den Druck im Herd nicht ausgehalten. **(oder)**

6 Frau F. zeigte nicht etwa Einsicht in ihr fatales
Mißgeschick. Sie beschwerte sich beim Hersteller des
Herdes. **(sondern)**

7 Sie schilderte der Firma ihren Fall. Sie wies auf einen
mangelnden Hinweis in der Gebrauchsanweisung hin.
(und)

8 Frau F. erhielt zwar keinen Schadenersatz. Die Firma
wurde verurteilt, darauf hinzuweisen, daß man Katzen
nicht in Mikrowellenherden trocknen soll. **(aber)**

9 Ein solches Urteil ist nur in den USA denkbar. Dort
scheut man sich nicht, mit aussichtslos erscheinenden
Verfahren vor Gericht zu gehen. **(denn)**

10 Frau F. schaffte sich eine neue Katze an. Sie trocknet
sie jetzt lieber mit einem Fön. **(und)**

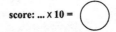

score: ... x 10 =

h) Fill in the gaps with *jedoch, dennoch, trotzdem, da, danach,
dann, daraufhin, inzwischen, anschließend* or *darum*.

Sonntagabend, 21 Uhr. Der bekannte Schauspieler Peter S.
hatte es sich bei einem Glas Wein gemütlich gemacht. **(1)** ...
klingelte es an der Haustür. Er überlegte, ob er öffnen solle,
(2) ... ging er zur Tür. Er erwartete keinen Besuch, **(3)** ...
guckte er durch den Türspäher, um zu sehen, wer vor der Tür
stünde. Es war ein guter Bekannter. **(4)** ... öffnete er die Tür.

An das, was sich **(5)** ... abgespielt hat, erinnert sich Herr S. nicht mehr genau. Er war schon sehr müde, **(6)** ... lud er Thomas H. ein, noch auf ein Glas Wein zu bleiben Peter S. ging in die Küche, um den Wein zu holen. **(7)** ... muß Thomas H. das Gift in das halbvolle Glas von Peter S. getan haben. Als dieser wieder einen Schluck nahm, bemerkte er zwar einen etwas veränderten Geschmack, **(8)** ... schöpfte er keinen Verdacht. **(9)** ... ging alles sehr schnell. Thomas H. verabschiedete sich hastig, der Gastgeber ergriff mit letzter Kraft das Telefon und alarmierte den Notarzt. Peter S. befindet sich auf dem Wege der Besserung, von Thomas H. **(10)** ... fehlt immer noch jede Spur.

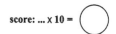

score: ... × 10 =

i) **Join the two sentences using the given conjunction in brackets.**

1 Ich möchte Mathematik studieren. Ich möchte eine Lehre machen. **(sowohl ... als auch)**

2 Ich interessiere mich für Biologie. Ich habe eine Vorliebe für Literatur. **(nicht nur ... sondern auch)**

3 Ich möchte keine Promotion schreiben. Ich habe nicht vor, an der Universität Karriere zu machen. **(weder ... noch)**

4 Ich würde gern ein Lehrerstudium beginnen. Die Berufsaussichten für Lehrer sind sehr schlecht. **(einerseits ... andererseits)**

5 Ich arbeite in der Bibliothek. Ich lerne lieber zu Hause. **(mal ... mal)**

6 Ich möchte möglichst wenig arbeiten. Ich will aber viel Geld verdienen. **(einerseits ... andererseits)**

7 Ich gehe in jede Vorlesung. Ich besuche viele Seminare. **(weder ... noch)**

8 Ich breche das langweilige Studium ab. Ich bewerbe
   mich um ein Stipendium im Ausland. (**entweder ...
   oder**)

9 Für die Zulassung zu diesem Studienfach muß man ein
   Praktikum nachweisen. Darüber hinaus benötigt man
   einsehr gutes Abiturzeugnis. (**nicht nur ... sondern
   auch**).

10 Die Politiker raten zu einem Hochschulstudium. Sie
   empfehlen eine berufsbezogene Ausbildung. (**mal ...
   mal**).

score: ... × 10 =

**j) Put the following into the correct order to form sentences,
starting with the word in bold.**

1 **Heute** ... die Ferien/in Nordrhein-Westfalen/begannen

2 **Deshalb** ... die Polizei/warnt/vor Staus

3 **Trotzdem** ... gen Süden/die meisten/fahren/am ersten
   Tag

4 **Aber** ... bleibt/das große Verkehrschaos/aus

5 **Denn** ... mit der Bahn/viele Reisende/fuhren

6 **Vermutlich** ... ein Grund dafür/die Sondertarife für
   Familien/waren

7 **Und** ... fliegen/nach Südeuropa/auch immer mehr
   Urlauber

8 **Oder** ... sie/preiswerte Busreisen/buchen

9 **Zudem** ... für einen Urlaub/verfügen/über genügend
   Geld/immer weniger Familien

10 **Deshalb** ... die Ferienangebote der Stadt/bleiben/
   nutzen/sie/zu Hause/und.

score: ... × 10 =

30 Time

a) Write the following in words.

A: Verzeihung, wieviel Uhr ist es/ wie spät ist es, bitte?
B: Es ist **(1)** 11.00 **(2)** 10.07 **(3)** 12.15 **(4)** 8.20 **(5)** 14.30
(6) 15.39 **(7)** 20.45 **(8)** 21.50 **(9)** 22.15 **(10)** 23.52

score: ... × 10 =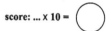

b) Form sentences following the example.

Example: 15.30 er/die Brieftasche verlieren
Um halb vier hat er die Brieftasche verloren.

Freitag, der 13. (dreizehnte)

1	7.00	er/den Wecker nicht hören
2	8.30	er/mit dem linken Fuß aufstehen
3	8.45	er/ohne Frühstück aus dem Haus stürzen
4	9.05	er/den Bus verpassen
5	9.15	er/per Anhalter zur Arbeit fahren
6	9.20 - 9.50	er/im Stau stehen
7	10.25	er/im Büro ankommen, einen Termin verpassen
8	10.35	er/mit dem Chef streiten
9	13.00	er/sich in den Finger schneiden
10	13.15	er/sich entschließen, mit dem Taxi nach Hause zu fahren.

score: ... × 10 =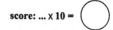

c) Express the date in a different way, paying attention to the case.

Example: Heute ist Freitag, d.. 13. 4.
Heute ist Freitag, der 13. (read: dreizehnte) April.

1 D.. 1. 5. fällt dieses Jahr auf einen Montag.
2 Bonn, d.. 3. 3. 1990.
3 Ich habe a.. 31.1. Geburtstag.
4 Herzlichen Dank für Ihren Brief v.. 7. 11. 1991.
5 In Berlin, Hamburg und Bremen beginnen die Weihnachtsferien a.. 23. 12. und dauern bis z.. 4. 1..
6 D.. 18. 6. ist in Nordrhein-Westfalen der erste Ferientag.
7 Wir haben den Termin auf d.. 11. 2. verschoben.
8 In der Zeit v.. 21. 7. bis 19. 8. bleibt unser Geschäft wegen Betriebsferien geschlossen.
9 Die Rockgruppe gastiert a .. 18. 10. in Mannheim.
10 Freitag, d .. 13. 9. war für mich ein Glückstag.

score: ... × 10 =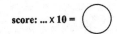

d) Replace the expression in bold with a synonym.

1 Ich gehe fast **jeden Tag** ins Schwimmbad.
2 **Allabendlich** mache ich einen kleinen Spaziergang.
3 **Anfänglich** gefiel mir die neue Arbeit nicht.
4 **Von heute an** gelten die neuen Regelungen.
5 **Während** des Jahres stieg die Arbeitslosigkeit um 4% (Prozent).
6 Die Gehälter werden **jeden Monat** ausbezahlt.
7 **Vorige** Woche hielt ich mich in Bonn auf.

8 Es ist **Punkt** drei Uhr.
9 Ich sitze **jede Nacht** am Schreibtisch.
10 **Von einem Tag auf den anderen** änderte sich alles.
11 Sein Zustand wird **mit jeder Stunde** schlechter.
12 **Hin und wieder** treffen wir uns.
13 **Im Laufe** der Zeit werde ich mich an die neue Stadt gewöhnen.
14 **Jeden Samstag** gehen wir tanzen.
15 **Im Moment** bin ich sehr beschäftigt.
16 **Während des Tages** sitzt er im Büro.
17 **Für die Dauer von einem Jahr** bekommen sie Arbeitslosengeld.
18 Er war **auf der Stelle** tot.
19 Sie ist **von morgens bis abends** beschäftigt.
20 Er hat **um die Mittagszeit** angerufen.

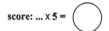

score: ... × 5 =

e) **Translate these sentences into German.**

1 What's the date today? Today is the fourth of April.
2 My watch is slow. Can you (**du**) tell me the exact time?
3 The train is two hours late. It will arrive around 4 o'clock.
4 How old is he? He's in his mid-forties.
5 She has worked for two hours. And in these two hours she's done the most important.
6 In which month were you (**du**) born? In January?
7 He left on Monday two weeks ago. He's not coming back till 3 weeks on Friday.
8 On Saturday evening I always go to the cinema.

9 I never take my holidays in the summer. I prefer to go at
   the beginning of autumn when everybody's already
   back.
10 In the forties my parents lived in Dresden. In 1959 they
   decided to emigrate to Canada.

score: ... × 10 ◯

Answers

Answers

1 Declension of Nouns

A The Definite Article

a) (1) dem Mann - (2) dem ... - (3) dem ... - (4) dem ... - (5) der ... - (6) den Gastgebern - (7) dem ... - (8) den ... - (9) den Politikern - (10) den Geschwistern.

b) (1) Der Junge ... den Affen. - (2) Der Kunde ... den Automaten. - (3) Der Journalist ... den Präsidenten. - (4) Der Patient ... den Experten. - (5) Der Polizist ... den Terroristen. - (6) Der Nachbar ... den Hasen. - (7) Der Spezialist ... den Satelliten. - (8) Der Kapitalist ... den Studenten. - (9) Der Bauer ... einen komischen Namen. - (10) Der Tourist ... den Löwen.

c) (1) des Wagens - (2) des Bildes - (3) des Flusses - (4) der ... - (5) des Hotels - (6) des Parfüms - (7) der ... - (8) der ... - (9) der ... - (10) der ...

B The Indefinite Article

a) (1) eine Maus - (2) einen Kanarienvogel - (3) eine Katze - (4) eine Schlange - (5) einem Buch - (6) einen Liebesroman - (7) ein Haustier - (8) ein Schaf - (9) eine Ziege - (10) einen Mieter.

b) (1) kein - (2) keine - (3) keine - (4) keine - (5) keinen - (6) keine - (7) keine - (8) keinen - (9) kein - (10) keinen.

C Definite or Indefinite Article?

Ø = no article required

(1) Ø - (2) Ø - (3) Ø - (4) der - (5) Ø - (6) der - (7) Ø - (8) der -
(9) der - (10) die - (11) einem - (12) die - (13) Ø - / einen -
(14) Ø - (15) Ø /eine - (16) die - (17) die / Ø - (18) der -
(19) der - (20) Ø - (21) Ø - (22) Ø / dem - (23) Ø - (24) die -
(25) Ø - (26) Ø / ein - (27) Ø - (28) Ø - (29) Ø - (30) Ø -
(31) Ø - (32) Ø - (33) Ø - (34) die - (35) Ø - (36) Ø - (37) Ø -
(38) Ø - (39) Ø - (40) Ø - (41) das / ein - (42) Ø - (43) die -
(44) Ø - (45) das - (46) das - (47) Ø - (48) der - (49) Ø -
(50) Ø.

D Demonstratives

(1)alle - (2) vielen - (3) sämtlichen - (4) irgendwelche -
(5) wenige - (6) irgendeine - (7) manchen - (8) eine -
(9) welchem - (10) Mehrere.

2 Plurals

a) der Artikel, Scheck, Staat, See, Nerv, Mann, Traum, Bruder, Termin, Markt, Geist, Mangel, Wald, Chef, Reichtum, König, Lohn.
die Auskunft, Universität, Bar, Gewerkschaft, Faust, Kenntnis, Studentin, Mutter, Macht, Kamera, Hand, Tochter, Freiheit, Mühe, Eitelkeit, Uni.
das Fenster, Argument, Mitglied, Land, Bett, Auto, Kloster, Telefonat, Feld, Amt, Auge, Hemd, Hotel, Geschlecht, Dorf, Verb, Kleid.

b) (1) Dramen - (2) Konten - (3) Stipendien - (4) Skier - (5) Museen - (6) Firmen - (7) Examina - (8) Staus - (9) Fachleute - (10) Rhythmen.

c) (1) Mäuse - (2) Eiern (D) - (3) Hühnern (D) - (4) Diebe - (5) Stühlen (D) - (6) Spatzen - (7) Dächern (D) - (8) Zähne - (9) Armen (D) - (10) Hunde.

3   Pronouns

A   Personal Pronouns

a) **(1)** mir - **(2)** mich - **(3)** mir - **(4)** mich - **(5)** dir - **(6)** mir -
(7) dich - **(8)** mich - **(9)** dir - **(10)** dir.

b) **(1)** sie - **(2)** es - **(3)** ihn - **(4)** ihr - **(5)** sie.

c) **(1)** er - **(2)** ihr - **(3)** ihr - **(4)** er - **(5)** sie - **(6)** ihn - **(7)** ihm -
(8) er - **(9)** sie - **(10)** ihn.

d) **(1)** Er hat mich nach dem Weg gefragt. -
(2) Herr Page, ich gratuliere Ihnen. -
(3) Ich warte seit zwei Stunden auf Dich. - **(4)** Wir brauchen
ihn wirklich. - **(5)** Sie widersprechen ihr unaufhörlich/
immer. - **(6)** Manchmal kann ich dir nicht zuhören. - **(7)** Man
muß nicht mehr auf sie aufpassen. (*Or:* Man braucht nicht
mehr auf sie aufzupassen.) - **(8)** Wir haben sie letzte Woche
entlassen. - **(9)** Mein Herr, darf ich Ihnen helfen? - **(10)** Es
war uns nicht möglich, ihn zu sprechen/mit ihm zu sprechen.

e) **(1)** es ihr - **(2)** sie ihnen - **(3)** es mir - **(4)** sie ihnen - **(5)** es
ihm - **(6)** sie uns - **(7)** ihn ihnen - **(8)** sie euch - **(9)** es ihnen -
(10) ihn ihr.

B   Reflexive Pronouns

a) **(1)** Peter interessiert sich für den neuen Film. - **(2)** Ich
erkundige mich nach der Abfahrtszeit des Zuges. - **(3)** Wir
kümmern uns um die Theaterkarten. - **(4)** Warum weigert ihr
euch, uns Auskunft zu geben? - **(5)** Du entschuldigst dich bei
der alten Dame. - **(6)** Der Arbeitslose bewirbt sich um eine
neue Arbeit. - **(7)** Wann treffen Sie sich mit dem neuen
Kunden? - **(8)** Das Kind fürchtet sich vor dem großen Hund. -
(9) Die Schüler freuen sich auf die Sommerferien. - **(10)** Ich
werde mich beim Hausmeister beschweren.

b) **(1)** Er wäscht sich die Hände vor dem Essen. - **(2)** Rasierst du dir den Bart ab?. - **(3)** Leisten wir uns dieses teure Auto! - **(4)** Ich verbitte mir diese Unverschämtheit. - **(5)** Die Großmutter denkt sich eine Geschichte aus. - **(6)** Ihr stellt euch die Sache zu einfach vor. - **(7)** Das Mädchen kauft sich eine Tüte Bonbons. - **(8)** Ich merke mir seine Adresse. - **(9)** Du siehst dir die Mona Lisa im Louvre an. - **(10)** Können sie sich 10 DM von euch leihen?

c) **(1)** Die Touristen schämten sich nicht ihres Verhaltens. - **(2)** Er hat sich während der Reise erkältet. - **(3)** Wo halten Sie sich in den Ferien auf? - **(4)** Er muß sich morgens um sechs Uhr/um sechs Uhr morgens mit kaltem Wasser rasieren. - **(5)** Graham amüsierte sich auf der Wippe.

d) **(1)** sich - **(2)** sich - **(3)** dich - **(4)** uns - **(5)** sich - **(6)** dir - **(7)** mir - **(8)** mich - **(9)** uns - **(10)** uns - **(11)** sich - **(12)** sich - **(13)** sich - **(14)** euch - **(15)** mich - **(16)** sich - **(17)** uns - **(18)** sich - **(19)** mir - **(20)** mich.

e) **(1)** dich - **(2)** euch - **(3)** uns - **(4)** sich - **(5)** dir - **(6)** sich - **(7)** euch - **(8)** sich - **(9)** uns - **(10)** dich.

C Indefinite Pronouns

a) **(1)** man - **(2)** jemand/einer - **(3)** niemand - **(4)** einem/ jemandem - **(5)** einen/jemanden - **(6)** irgendwen/einen/ jemanden - **(7)** niemandem - **(8)** man - **(9)** einer - **(10)** jemanden.

b) **(1)** jedes - **(2)** alle - **(3)** jedes - **(4)** aller - **(5)** jedem - **(6)** jeden - **(7)** allen - **(8)** aller - **(9)** alle - **(10)** jeder.

D Interrogative Pronouns

a) (1) wem - (2) wen - (3) was - (4) wessen - (5) was - (6) wem -
(7) wen - (8) wessen - (9) wem - (10) was.

b) (1) Wie heißt du? - (2) Wo wohnst du? - (3) Wie alt bist du
heute? - (4) Was bist du von Beruf? - (5) Wann lerntest du
deine Frau kennen? - (6) Wohin warst du mit deinem Traktor
gefahren? - (7) Wer fuhr hinter dir in einem Cabriolet? -
(8) Wen kennst du in eurem Dorf? - (9) Weshalb/warum
hattest du sie nie gesehen? - (10) Wie sah sie aus? - (11) Zu
wem gingst du? - (12) Welchen Eindruck machte sie? -
(13) Wozu ludst du mich ein? - (14) Woher kam sie? -
(15) Warum hatte sie die Landstraße vorgezogen? - (16) Was
hattest du ganz vergessen? - (17) Wie lange unterhieltet ihr
euch? - (18) Bei wem schlugst du uns vor, zu übernachten? -
(19) Wessen Frau wurde sie zwei Monate später? - (20) Wie
viele Kinder habt ihr inzwischen?

c) (1) Womit beschäftigt er sich in seiner Freizeit? - (2) Worum
geht es in diesem Text? - (3) Woran hast du erkannt, daß es
Engländer sind? - (4) Woher wissen Sie das so genau? -
(5) Wogegen protestieren dis Demonstranten? - (6) Wofür
setzen sich die Frauen im Parlament ein? - (7) Wonach
erkundigst du dich am Schalter? - (8) Wodurch unterscheiden
sich die Modelle? - (9) Wobei hast du die Schüler überrascht?
Beim Abschreiben? - (10) Wovon hat der Minister
gesprochen?

d) (1) Mit welcher Linie fuhrst du gestern in die Stadt? -
(2) Welche Straßenbahn nahmst du? - (3) In welches Kino
gingst du? - (4) Welche Kollegen warteten schon auf dich? -
(5) Welchen Film wolltet ihr sehen? - (6) Welcher Stimmung
waren sie? - (7) Welcher Film war schon ausverkauft? - (8) In
welchem Restaurant versuchtet ihr einen Platz zu finden? -
(9) Welcher Kellner bedauerte, Ihnen keinen Platz anbieten
zu können? - (10) Welche Kollegin lud Sie ein?

4 Declension of Adjectives

a) (1) der humorvolle, tolerante - (2) des zuverlässigen, liebevollen - (3) dem kulturell interessierten, sportlichen - (4) die sportliche, elegante - (5) dem offenen, reiselustigen.

b) (1) einsame - (2) gute - (3) alten - (4) wunderbaren - (5) alte - (6) mittelmäßigen - (7) heilige - (8) jungen - (9) letzte - (10) eingebildete.

c) (1) ... den ersten ... *(It was love at first sight.)*
   (2) ... die kalte ... *(She cold-shouldered him.)*
   (3) ... die rosarote ... *(He saw everything though rose-tinted spectacles.)*
   (4) ... die erste ... *(You always want to be top dog.)*
   (5) ... den sauren ... *(I must grasp the nettle.)*
   (6) ... dem linken ... *(You got out of bed on the wrong side this morning.)*
   (7) ... die große ... *(These people shout everything from the rooftops.)*
   (8) ... das fünfte ... *(You are the odd one out in that group.)*
   (9) ... an dem/am grünen ... *(This issue cannot be decided from a bureaucratic ivory tower.)*
   (10) ... den hohlen ... *(There isn't enough there to feed a mouse.)*

d) (1) großes - (2) exquisites - (3) neuen - (4) neue - (5) sympathische - (6) bestimmte - (7) blauer - (8) grünen - (9) buntes - (10) engen - (11) schwarzen - (12) weiten - (13) weißen - (14) zufriedenen - (15) leeren - (16) bekannten - (17) dicken - (18) schöne - (19) unmodischen - (20) berühmten.

e) (1) einige gute/alle guten Freunde - (2) mehrere ausländische/ beide ausländischen Unternehmen - (3) die meisten jungen/ ein paar junge Leute - (4) viele ältere/welche älteren Menschen - (5) eine Million amerikanische/irgenwelche

amerikanischen Touristen - (6) manche billigen/einige billige
Produkte - (7) sämtliche dumme/jene dummen Fragen -
(8) etliche hohe/folgende hohe Risiken - (9) viele/andere
schöne Stunden - (10) welche aktuellen/wenige aktuelle
Probleme.

f) (1) ihrer schlechten - (2) ihrem alten - (3) deiner neuen -
(4) seiner früheren - (5) meine blauen - (6) unsere alten -
(7) seinem älteren - (8) eurer kranken - (9) seiner verletzten -
(10) ihrem eleganten.

g) (1) weiße - (2) blauem - (3) weite - (4) weiche - (5) seidenen -
(6) viele - (7) kurze - (8) viel - (9) schwarzes - (10) tiefem -
(11) romantischer - (12) weißer - (13) große -
(14) farbenfrohe - (15) buntes - (16) heller -
(17) modebewußter - (18) graue - (19) maisfarbene -
(20) dunkelbraune.

h) (1) lieber - (2) vielen - (3) lieben - (4) nächsten - (5) neuen -
(6) alten - (7) anstrengenden - (8) letzten - (9) vergangenen -
(10) langjährigen - (11) schöne - (12) vielen -
(13) herrlicher - (14) viele - (15) engen - (16) ersten -
(17) alten - (18) komplizierten - (19) schwarze - (20) lauten -
(21) fürchterliche - (22) kleinen - (23) rechter - (24) schöne -
(25) netten.

5 Comparatives and Superlatives

a) (1) Ein Mercedes fährt schneller als ein Trabant. - (2) Hans ist älter als Peter.- (3) Der Rhein ist länger als der Main. - (4) Die Deutschen trinken mehr Bier als die Engländer. - (5) Die deutsche Küche ist besser als die englische Küche. - (6) Der Mond ist näher als die Sonne. - (7) Der Eiffelturm ist höher als Notre Dame. - (8) Italiener essen lieber Pizza als Sauerkraut. - (9) Das Mittelmeer ist wärmer als die Nordsee. - (10) Eine Reise mit dem Flugzeug ist teurer als eine Reise mit dem Auto.

b) (1) ältere - (2) kürzer - (3) härter - (4) mehr - (5) größer - (6) höheren - (7) ärmer - (8) lieber - (9) moderneren - (10) schwächer.

c) (1) kleinste - (2) älteste - (3) meisten - (4) größte - (5) höchste - (6) längste - (7) mildesten - (8) berühmteste - (9) schnellsten - (10) liebsten.

6 Adverbs

a) (1) Heute nacht schneite es viel. - (2) Mittags geht er immer zu
sich nach Hause. - (3) Übermorgen wird er sein neues Auto
bekommen. - (4) Ich hoffe, daß er das Krankenhaus bald
verlassen kann. - (5) Wenn du Medizin studierst, wirst du
später viel Geld verdienen. - (6) Ich kann die Tür jetzt nicht
öffnen. - (7) Die Feuerwehr ist sofort nach unserem Anruf
gekommen. - (8) Heutzutage muß man ein Drittel seines
Gehalts für die Miete ausgeben. - (9) Der Staat hat neulich/
kürzlich die Steuern erhöht. - (10) Während seines Aufenthalts
in Deutschland hat er mich mehrmals angerufen. - (11) Sie hat
ihre Klassenkameraden zwei Jahre nach dem Abitur
wiedergetroffen, aber inzwischen war die Hälfte verheiratet. -
(12) Zuerst hatte sie ihn nicht bemerkt, aber eine Woche
später verbrachte sie fast jeden Abend mit ihm. - (13) Wir
können diesem Vorschlag niemals zustimmen. - (14) Seine
Frau hat ihn wieder/erneut verlassen. - (10) Während seines
im Radio gesagt, daß die Straße gesperrt sei. - (16) Warum
beschwerst du dich ständig über deinen Chef? - (17) Jetzt lebt
er in Köln, vorher lebte er in Hamburg. - (18) Sie sind erst 22?
Sie sehen älter aus. - (19) Er hat mir gerade/soeben gesagt, daß
er heute abend nicht kommen kann/könne. - (20) Mittwoch
abends spielt er immer mit seinen Freunden Karten.

b) (1) ehemals - (2) neulich - (3) bald - (4) häufig -
(5) nächstens - (6) stets - (7) soeben - (8) niemals - (9) zuerst -
(10) unterdessen.

c) (1) dorthin - (2) her - (3) hinunter - (4) hinaus - (5) hinauf -
(6) herein - (7) hinein - (8) hin - (9) her - (10) heraus.

d) (1) sehr - (2) viel - (3) viel - (4) sehr - (5) sehr - (6) viel -
(7) sehr - (8) sehr - (9) sehr - (10) viel.

e) **(1)** wenig - **(2)** glücklicherweise - **(3)** bestenfalls - **(4)** beinahe -
(5) versehentlich - **(6)** bestimmt - **(7)** absichtlich -
(8) vorsichtshalber - **(9)** überhaupt nicht - **(10)** tatsächlich.

f) **(1)** Sie wächst schneller als ihr Bruder. - **(2)** Dein Verhalten
wird immer unangenehmer. - **(3)** Ich trinke gern Cola, aber
noch lieber trinke ich Mineralwasser. - **(4)** Könnten Sie sich
etwas/ein wenig einfacher ausdrücken. - **(5)** Ich reise mehr als
mein Bruder, aber meine Schwester reist am meisten. - **(6)** Du
hättest zumindest/wenigstens anrufen können. - **(7)** Sie spricht
gut Spanisch, aber Deutsch beherrscht sie noch besser. - **(8)** Er
bereitete sich bestens auf sein Examen vor. - **(9)** Je mehr desto/
um so besser. - **(10)** Ich bleibe höchstens/maximal drei Tage.

7   Conjugation of Verbs

A   Weak Verbs

a) (1) bellt - bellte - (2) putzen - putzten - (3) macht - machtet -
(4) grüßt - grüßte - (5) erzählst - erzähltest - (6) kehrt - kehrte -
(7) stört - störte - (8) raucht - rauchtet - (9) beschwere -
beschwerte - (10) holen - holten.

b) (1) Die Gewerkschaften haben die 35-Stunden-Woche
gefordert. - (2) Die UN hat gegen die US-Intervention in
Panama protestiert. - (3) (Der) Iran hat mit Sanktionen gegen
die EG gedroht. - (4) Wir haben ... erfüllt.- (5) Die USA haben
... gestoppt. - (6) Die Situation der Entwicklungsländer hat sich
verschlechtert. - (7) Tausende haben den Fall der Mauer
gefeiert. - (8) Die BRD hat ... geliefert. - (9) Israel hat ...
verweigert. - (10) Die Stürme haben ... zerstört.

c) (1) wechseln - (2) wechsle - (3) handeln - (4) plaudern -
(5) verhandle - (6) erwidere - (7) fordere - (8) verändern -
(9) bedauere - (10) zweifle.

d) (1) redest - (2) atmest - (3) rechnete - (4) gewartet -
(5) verabschiedet - (6) meldet - (7) schadet - (8) testetest -
(9) arbeitetet - (10) fürchtet.

B   Strong Verbs

a) (1) blasen - (2) halten - (3) anfangen - (4) umgraben -
(5) treffen - (6) versprechen - (7) raten - (8) brechen -
(9) dürfen - (10) vorlesen.

b) (1) ißt/ißt - (2) darfst/darf - (3) -/es geschieht - (4) läßt/läßt -
(5) läufst/läuft - (6) liest/liest - (7) magst/mag - (8) nimmst/
nimmt - (9) trägst/trägt - (10) triffst/trifft.

c) (1) wirst - (2) ist - (3) werde - (4) ist - (5) haben - (6) seid -
(7) habe - (8) wird - (9) hat - (10) bin.

d) (1) Die Gäste haben aufmerksam die Speisekarte gelesen -
(2) haben beschlossen - (3) hat ... empfohlen - (4) ist ...
gegangen - (5) hat ... gegeben - (6) ist ... gekommen -
(7) haben ... gesprochen - (8) ist ... verschwunden - (9) hat ...
gestanden - (10) haben ... getrunken - (11) hat ... gerufen -
(12) hat geschworen - (13) hat ... geschoben - (14) haben ...
gestritten - (15) hat ... gesehen - (16) hat ... befohlen -
(17) sind ... geblieben - (18) haben ... genossen -
(19) gegessen haben - (20) haben ... genommen.

e) (1) war - (2) verging - (3) gab - (4) konnte - (5) fuhr -
(6) besaß - (7) befanden - (8) unterschied - (9) gingen -
(10) blieb - (11) waren - (12) gingen - (13) bekamen -
(14) erzogen - (15) kam - (16) sprachen - (17) aßen -
(18) bestanden - (19) schliefen - (20) ersannen - (21) stritten -
(22) brachten - (23) schwammen - (24) wußten - (25) wurde.

f) (1) warb - (2) belog - (3) verzieh - (4) hängte - (5) biß -
(6) gewann - (7) hob ... auf - (8) empfahl - (9) wuchsen -
(10) zwang - (11) brieten - (12) schloß - (13) saßen -
(14) starb - (15) schwamm - (16) litten - (17) lieh ... aus -
(18) gelang - (19) schienst - (20) sank - (21) tat, vergaß -
(22) schmolz - (23) grub - (24) geschahen - (25) hieß, sei ...
gezogen.

C Irregular Weak Verbs

a) (1) kennt - (2) brennt - (3) rennt/rennen (4) nennt - (5) bringst -
(6) denkt - (7) wendet - (8) sendet - (9) rennt - (10) denkst.

b) (1) Sie hat dem Chef Kaffee gebracht. - (2) Sie hat sich ...
gewandt. - (3) abgesandt.- (4) gedacht. - (5) ist ... gerannt. -
(6) hat ... verbrannt. - (7) genannt. - (8) ausgekannt. -
(9) beendet - (10) getrennt.

c) **(1)** rannte - **(2)** blendete - **(3)** brachten - **(4)** kanntet -
(5) sandte - **(6)** nannte - **(7)** dachten - **(8)** brannte -
(9) wandtest - **(10)** zwang.

D The Perfect Tense with *haben* or *sein*

a) **(1)** ist - **(2)** hat - **(3)** ist - **(4)** ist - **(5)** hat - **(6)** haben -
(7) haben - **(8)** hat - **(9)** ist - **(10)** hat - **(11)** bin - **(12)** haben -
(13) seid - **(14)** hat - **(15)** ist - **(16)** hat - **(17)** haben -
(18) sind - **(19)** ist - **(20)** hat.

b) **(1)** Während der Osterferien bin ich nach Rom gefahren.-
(2) Der Vater hat seine Kinder in die/zur Schule gefahren.-
(3) Der Einbrecher ist durch das Fenster verschwunden.-
(4) Er ist ins Wasser gesprungen.- **(5)** Er hat es geschafft/es
ist ihm gelungen, sein Auto zu reparieren.- **(6)** Wann ist der
Unfall passiert/geschehen?- **(7)** Sie hat sich die Hände
gewaschen.- **(8)** Sonntag sind wir im Park
spazierengegangen.- **(9)** Sie ist zum ersten Mal in den
Vereinigten Staaten gewesen.- **(10)** Wir sind um 7 Uhr
aufgestanden.

c) **(1)** ist ... ausgezogen - **(2)** ist ... geschwommen.- **(3)** ist ...
gewesen.- **(4)** ist ... eingetroffen.- **(5)** verblüht sind - **(6)** hat ...
hergezogen - **(7)** habe ... getroffen - **(8)** ist ... eingeschlafen -
(9) hat ... getanzt - **(10)** hat ... geschlafen.

E The Pluperfect

a) **(1)** war - **(2)** hatte - **(3)** hatte - **(4)** war - **(5)** hatte - **(6)** hatte -
(7) war - **(8)** hatte - **(9)** war - **(10)** war - **(11)** war - **(12)** hatte -
(13) war - **(14)** hatte - **(15)** war - **(16)** hatte - **(17)** war -
(18) waren - **(19)** hatten - **(20)** war.

8   Separable and Inseparable Verbs

A   Separable Verbs

a) (1) Wir kommen um 3 Uhr in Hamburg an. - (2) Wir holen euch am Bahnhof ab. - (3) Er hört auf zu rauchen, weil er krank ist. - (4) Während der Ferien gehe ich jeden Abend aus. - (5) Sie lädt ihre Freunde ein, um ihr Examen zu feiern. - (6) Er hört mir nie zu, wenn ich mit ihm spreche. - (7) Der Regisseur stellt seinen neuen Film vor. - (8) Er gibt mir die Bücher zurück, die ich ihm (aus)geliehen habe. - (9) Die Familie zieht in eine größere Wohnung um. - (10) Die Sonne geht hinter den Bergen unter.

b) (1) Sie weckte die Kinder auf.- (2) bereitete das Frühstück vor - (3) wusch das Geschirr ab - (4) kaufte Obst und Gemüse ein - (5) lieferte die Kinder ... ab - (6) hob Geld ... ab - (7) sandte ein Paket ... ab - (8) räumte die Wohnung auf - (9) zog die Kinder aus - (10) warf den Ehemann raus.

c) (1) Hast du den Reiseführer durchgelesen - (2) die Landkarte mitgenommen - (3) den Paß eingesteckt - (4) den Hund weggebracht - (5) den Koffer aufgegeben - (6) den Kühlschrank abgeschaltet - (7) die Terrassentür zugeschlossen - (8) den Fotoapparat umgehängt - (9) die Alarmanlage angestellt - (10) den Schlüssel ... abgegeben?

d) (1) ist ... abgefahren - (2) hat ... zugedeckt - (3) hat ... weggenommen - (4) hat vor zehn Minuten angefangen - (5) haben ... nachgedacht - (6) hast ... abgeschnitten - (7) hat ... durchgerissen - (8) bin ... zurückgekommen - (9) hat ... vorgestellt - (10) ist aufgeblüht.

B Inseparable Verbs

a) **(1)** erweitern - **(2)** verdient - **(3)** vereinigt - **(4)** gehört -
(5) ersetzen - **(6)** erwarte - **(7)** verliere - **(8)** erschrecken -
(9) bewegt - **(10)** versteht.

b) **(1)** bekämpfte - **(2)** errichtete - **(3)** verbot - **(4)** erweiterte -
(5) veranstaltete - **(6)** entwarf - **(7)** befragte - **(8)** entwickelte -
(9) versprach - **(10)** beschloß.

c) **(1)** hat ... erklärt - **(2)** hat ... benachrichtigt - **(3)** hat ...
entschuldigt - **(4)** hat ... erlaubt - **(5)** haben ... gewonnen -
(6) habe ... mißverstanden - **(7)** hat ... unterschrieben -
(8) habe ... zerbrochen - **(9)** habe ... vergessen - **(10)** hat ...
beschlossen.

d) **(1)** Man hat den Planeten beobachtet.- **(2)** die Gelder
überwiesen - **(3)** die Geschichte übertrieben - **(4)** das
Juweliergeschäft überfallen - **(5)** den Atlantik überquert -
(6) die Minderheiten unterdrückt - **(7)** den Künstler
bewundert - **(8)** die Demonstration verboten - **(9)** die Reise
genehmigt - **(10)** die Umwelt zerstört.

C Separable or Inseparable?

a) **(1)** über<u>se</u>hen: übersiehst - **(2)** <u>voll</u>gießen: gießt ... voll -
(3) <u>über</u>laufen: läuft über - **(4)** wieder<u>ho</u>len: wiederholen -
(5) <u>unter</u>gehen: geht ... unter - **(6)** sich unter<u>hal</u>ten: unterhält
sich gut - **(7)** wider<u>spre</u>chen: widerspricht - **(8)** voll<u>en</u>den:
vollendet - **(9)** <u>wieder</u>bringen: bringt ... wieder -
(10) <u>wider</u>spiegeln: spiegelt ... wider.
If the accent comes in the prefix, the verb is separable.

b) **(1)** wiederholt - **(2)** umgangen - **(3)** übertreten -
(4) umgestellt - **(5)** wiedergeholt - **(6)** unterstellt -
(7) umgegangen - **(8)** übergetreten - **(9)** untergestellt -
(10) umstellt.

c) **(1)** untergegangen - **(2)** durchfuhren - **(3)** umgeleitet -
(4) übersah - **(5)** kommen ... unter - **(6)** drehen ... um -
(7) übernahm - **(8)** überraschte - **(9)** schlug ... um -
(10) umgab - **(11)** tauchte ... auf - **(12)** überlegte - **(13)** hielt ...
an - **(14)** stieg ... aus - **(15)** überstürzten - **(16)** sah ... wieder -
(17) unterbreitete - **(18)** durchlebt - **(19)** überarbeitet -
(20) überanstrengt - **(21)** unterstelle - **(22)** sprichst ... durch -
(23) angesehen - **(24)** unterläßt - **(25)** widersetzte.

9   **Verbs: Revision Exercises**

a) (1) mögen - (2) er mochte - (3) er hat gemocht - (4) findet -
(5) fand - (6) hat gefunden - (7) geben - (8) gibt - (9) gab -
(10) fahren - (11) fährt - (12) ist gefahren - (13) läuft -
(14) lief - (15) ist gelaufen - (16) bitten - (17) bat - (18) hat
gebeten - (19) lesen - (20) liest - (21) - las - (22) nehmen -
(23) nimmt - (24) hat genommen - (25) sitzen - (26) saß -
(27) hat gesessen - (28) trifft - (29) traf - (30) hat getroffen -
(31) aufstehen - (32) steht auf - (33) ist aufgestanden -
(34) essen - (35) ißt - (36) aß - (37) sein - (38) war - (39) ist
gewesen - (40) zieht sich an - (41) zog sich an - (42) hat sich
angezogen - (43) werden - (44) wird - (45) ist geworden -
(46) rief - (47) hat gerufen - (48) kommen - (49) kommt -
(50) kam.

b) (1) schreibt - (2) notiert - (3) zieht ... aus - (4) pflegt -
(5) sieht - (6) wird - (7) weint - (8) stehen - (9) kann -
(10) scheint.

c) (1) haben ... verlaufen - (2) sind ... vergangen - (3) ist ...
gefolgt - (4) hat ... gewonnen - (5) hast ... getrunken - (6) habe
... geschrieben - (7) hat ... geholfen - (8) hat ... gestritten -
(9) habe ... gebeten - (10) ist ... gegangen - (11) hat ...
abgesandt - (12) haben ... geantwortet - (13) haben ...
begonnen - (14) habe ... gedacht - (15) hat ... gehangen -
(16) hat ... gedauert - (17) hat ... aufgehoben - (18) hat ...
verloren - (19) hat ... geordnet - (20) habe ... gekannt.

d) (1) Während der Ferien arbeitete er in einer Fabrik. - (2) Sie
stieg in den Bus. - (3) Ich legte meine Sachen auf den Tisch. -
(4) Er lieh mir sein Auto. - (5) Wir boten ihnen einen Aperitif
an. - (6) Zu Beginn jedes Kurses/jeder Stunde standen die
Schüler auf. - (7) Die Schüler erschreckten ihre Lehrer. -
(8) Der Zug kam mit 10 Minuten Verspätung an. - (9) Die
Verkäuferin vergaß, das Kleingeld zurückzugeben. - (10) Sie
trafen sich jeden Tag vor der Uni.

10 Modal Verbs

a) (1) müssen - (2) soll - (3) soll - (4) muß/möchte - (5) sollst - (6) darf - (7) könnt - (8) können - (9) dürfen - (10) darf.

b) (1) muß - (2) möchte - (3) kannst - (4) soll - (5) darf - (6) wollen - (7) kann - (8) sollten - (9) darf - (10) muß.

c) (1) kann - (2) willst/kannst - (3) soll/muß - (4) dürfen - (5) muß - (6) kannst - (7) können - (8) möchtest - (9) soll/darf - (10) müßtest/solltest.

d) (1) wollte - (2) konnte - (3) sollte - (4) mußte - (5) durfte - (6) mußte - (7) konnten - (8) durfte - (9) sollte. - (10) wollten.

e) (1) Er kann sehr gut Japanisch. - (2) Heute abend kann ich nicht kommen, ich bin verhindert. - (3) Er soll reich sein. - (4) Du sollst deine Schwester nicht ständig ärgern. - (5) Das wollte ich auch gerade sagen. - (6) Wir wollen abwarten, wie er reagiert. - (7) Mögen Sie die Skulpturen von Henry Moore? - (8) Jetzt möchte ich eine Zigarette rauchen. - (9) Du darfst hier nicht parken. - (10) Du mußt nicht an diesem Seminar teilnehmen.

11 The Imperative

a) **(1)** Rauch nicht so viel! - **(2)** Iß ... - **(3)** Werd(e) ... - **(4)** Sei ... - **(5)** Fahr(e) ... - **(6)** Hab ... - **(7)** Gib ... - **(8)** Schlaf(e) ... - **(9)** Entschuldige dich ... - **(10)** Leide ... deinen.

b) **(1)** Fahren Sie ...! - **(2)** Biegen Sie ... ab! - **(3)** Bleiben Sie ... ! - **(4)** Fahren Sie ... vorbei! - **(5)** Passen Sie ... auf! - **(6)** Halten Sie ...! - **(7)** Suchen Sie ...! - **(8)** Gehen Sie ... weiter! - **(9)** Durchqueren Sie ...! - **(10)** Fragen Sie ...!

c) **(1)** Stellen Sie bitte ...! - **(2)** Verstauen Sie ...! - **(3)** Schnallen Sie sich bitte an! - **(4)** Stellen Sie bitte ... ein! - **(5)** Lesen Sie ... durch! - **(6)** Folgen Sie ... ! - **(7)** Lassen Sie ... frei! - **(8)** Ziehen Sie ... an! - **(9)** Füllen Sie ... aus! - **(10)** Steigen Sie ... aus!

d) **(1)** Zahlt ...! - **(2)** Führt ... ein! - **(3)** Richtet ... ein! **(4)** Schafft ...! - **(5)** Stellt ... auf! - **(6)** Gebt ...! - **(7)** Wertet ... auf! - **(8)** Hört auf, ...! - **(9)** Ermöglicht ...! - **(10)** Unterstützt ...!

e) **(1)** öffnet - **(2)** hab - **(3)** Schreiben Sie - **(4)** träum(e) - **(5)** Sprechen Sie/Reden Sie - **(6)** Seien Sie - **(7)** Bitte - **(8)** Kommt - **(9)** wartet - **(10)** Rechne.

12 The Passive

a) **(1)** 10-12 ... werden ... geschnitten - **(2)** Das Ganze wird ... übergossen. - **(3)** ... werden hinzugefügt. - **(4)** ... wird ... gewürzt. - **(5)** werden feingehackt - **(6)** ... wird ... erhitzt. - **(7)** ... werden ... angedünstet. - **(8)** Der Pfanneninhalt wird ... gegeben. - **(9)** ... wird ... vermischt. - **(10)** Der Teig wird ... zugedeckt. - **(11)** ... wird ... gebracht. - **(12)** Aus dem Teig werden ... geformt. - **(13)** ... werden ... gegeben. - **(14)** ... werden ... gelassen. **(15)** ... werden ... genommen. - **(16)** (werden) ... abgetropft. - **(17)** ... wird ... serviert. - **(18)** ... werden ... geschnitten. - **(19)** ... werden ... gebraten. **(20)** ... wird ... gereicht.

b) **(1)** ... wurde Deutschland industrialisiert. - **(2)** ... wurde das Kommunistische Manifest ... veröffentlicht. - **(3)** ... wurde die bürgerliche ... niedergeschlagen - **(4)** ... wurde das Deutsche Reich .. proklamiert - **(5)** ... wurde der Erste Weltkrieg beendet - **(6)** ... wurde die Weimarer Republik ausgerufen - **(7)** ... wurde Hitler ... ernannt - **(8)** ... wurde die erste Atombombe ... abgeworfen - **(9)** ... wurde ... besiegt - **(10)** ... wurde Adenauer ... gewählt.

c) **(1)** K. wurde zum ... bestimmt/ist ... bestimmt worden.
(2) H. wurde ... gestellt/ist ... gestellt worden.
(3) De M. wurde zum ... gewählt/ist ... gewählt worden.
(4) Die DM wurde in ... eingeführt/ ... ist ... eingeführt worden.
(5) Ein Attentat wurde auf ... verübt/ ... ist ... verübt worden.
(6) ... wurden geplant/sind geplant worden.
(7) V.H. wurde in ... empfangen/ist ... empfangen worden.
(8) ... wurde von ... kritisiert/ist ... kritisiert worden.
(9) ... wurde ... geschändet/ist ... geschändet worden.
(10) Die ... wurden in ... abgeschlossen/sind ... abgeschlossen worden.

d) **(1)** Auf ... wurde in ... erinnert. - **(2)** Der Leitartikel auf ... war einfach in ... verfaßt worden. - **(3)** Damit verstanden werden konnte, ... - **(4)** wurde in/von der Zeitung auch ... abgedruckt. - **(5)** Von diesem war die ... erfunden worden. - **(6)** Am 11. Januar war erstmals ... geschickt worden. - **(7)** Mit ... war laut ... eröffnet worden . - **(8)** Früher wurde im ... verwendet. - **(9)** Und noch heute wird es bei ... benutzt. - **(10)** In der Schiffahrt wird der Hilferuf ... gebraucht.

e) **(1)** soll wiedereröffnet werden - **(2)** soll veranstaltet werden - **(3)** soll eingeladen werden - **(4)** soll eingerichtet werden - **(5)** soll ernannt werden - **(6)** soll gegeben werden - **(7)** sollen bereitgestellt werden - **(8)** sollen erweitert werden - **(9)** soll ausgegeben werden - **(10)** soll gesucht werden.

Wollen **cannot be used in the passive: the idea is conveyed by** *sollen.*

f) **(1)** reguliert - **(2)** abgewaschen - **(3)** kontrolliert - **(4)** nicht verglichen - **(5)** getrennt - **(6)** nicht überschaut - **(7)** gut verdaut **(8)** nicht verstanden - **(9)** wiederverwertet - **(10)** nicht erklärt.

13 The Future and Future Perfect

a) (1) er wird - (2) ihr werdet - (3) sie wird/sie werden - (4) ich werde - (5) du wirst - (6) wir werden - (7) ihr werdet - (8) ich werde - (9) Sie werden - (10) er wird.

b) (1) wir werden ... fliegen - (2) sie werden ... mitkommen - (3) wir werden ... verbringen - (4) ich werde ... mieten - (5) ich werde ... machen - (6) er wird ... bleiben - (7) wir werden ... einladen - (8) wir werden ... mitbringen können - (9) ich werde ... fahren - (10) sie werden ... mitnehmen.

c) (1) werden zurückgekehrt sein - (2) wird genommen haben - (3) wird gesund geworden sein - (4) wird gekauft haben - (5) werden angerufen haben - (6) wird geliefert haben - (7) werden gedreht haben - (8) wird gewechselt haben - (9) wird getrennt haben - (10) wird abgesetzt worden sein.

d) (1) werden erneuert worden sein - (2) werden gereinigt worden sein - (3) wird gewechselt worden sein - (4) wird überprüft worden sein - (5) wird durchgeführt worden sein.

e) (1) Er wird bald nach Hause kommen. - (2) Er wird den Bus verpaßt haben. - (3) Sie wird noch arbeiten. - (4) Morgen wird es Gewitter geben. - (5) Sie werden wohl Kollegen getroffen haben. - (6) Herr Rooney wird wohl krank sein.- (7) Sie werden Ihren Termin/Ihre Verabredung vergessen haben. - (8) Wann wirst du 30? - (9) Er regt sich auf, weil er wahrscheinlich nicht rechtzeitig kommen können wird. - (10) Wenn du zurückkommen wirst (zurückkommst), wird er das Abendessen schon vorbereitet haben.

14 Verbs and Complements

A Cases

a) **(1)** ihrer Mutter - **(2)** unseres Verhaltens - **(3)** einer richterlichen Genehmigung - **(4)** den Kindern - **(5)** den Autofahrer - **(6)** den Zuhörern - **(7)** seines dicken Mantels - **(8)** den Gästen - **(9)** das Ziel - **(10)** viele Leute.

b) **(1)** Der Rat nützt dem Mann nicht viel.
   (2) Der Minister übernimmt nicht die Verantwortung.
   (3) Die Passanten stehen dem Verletzten bei.
   (4) Die Touristen vergewissern sich der Abflugzeit.
   (5) Das Telegramm beunruhigt die Familie.
   (6) Der Busfahrer enthält sich des Alkohols.
   (7) Die Regierung widersetzt sich der Forderung.
   (8) Die Rede langweilt die Zuhörer.
   (9) Die Rebellen bemächtigen sich des Radiosenders.
   (10) Die Ausstellung gefällt den Besuchern.

c) **(1)** Er möchte mich sofort sprechen, aber ich bin beschäftigt.
   (2) Darf ich Sie um einen Gefallen bitten?
   (3) Ich möchte Sie fragen, ob Sie mir Geld leihen können.
   (4) Die ganze Klasse hat das Abitur bestanden.
   (5) Er hört mir aufmerksam zu, ohne mich zu unterbrechen.
   (6) Sie hat immer Lust, mir zu widersprechen.
   (7) Sie ist mir vor dem Restaurant begegnet./Sie hat mich vor dem Restaurant getroffen.
   (8) Ich möchte dir für deine Auskünfte danken./Ich möchte mich bei dir für die Auskünfte bedanken.
   (9) Könnten Sie mir helfen, den Koffer zu tragen?
   (10) Das Unternehmen hat den Arbeitern gekündigt/hat die Arbeiter entlassen.

B Verbs with Prepositions

a) (1) c - (2) f - (3) a - (4) j - (5) b - (6) i - (7) d - (8) g - (9) e -
(10) h.

b) (1) an - (2) über - (3) bei - (4) mit - (5) um - (6) von -
(7) vor - (8) über - (9) zu - (10) zur.

c) (1) nach - (2) über - (3) zu - (4) um - (5) für - (6) in -
(7) auf - (8) von - (9) über - (10) vor - (11) in - (12) zu -
(13) auf - (14) aus - (15) mit - (16) auf - (17) zu - (18) auf -
(19) vor - (20) auf.

d) (1) Ich trage nur Pullover aus Baumwolle.
(2) Er erinnert sich an seine Kindheit auf dem Land.
(3) Peter interessiert sich sehr für Informatik.
(4) Warum machst du dich immer über deinen Lehrer
lustig?
(5) Hier riecht es im Sommer nach Lavendel.
(6) Wir haben lange über deinen Vorschlag nachgedacht,
aber wir können ihn nicht annehmen.
(7) Ich habe immer an seiner Ehrlichkeit gezweifelt.
(8) Rotkäppchen hatte keine Angst/fürchtete sich nicht vor
dem großen, bösen Wolf.
(9) Während der Ferien kümmern sich die Großeltern um
ihre Enkelin.
(10) Er hat sich in die Frau seines besten Freundes verliebt.

e) (1) darauf - (2) daran - (3) darüber - (4) davon - (5) dazu -
(6) damit - (7) dafür - (8) darunter - (9) darüber - (10) darauf.

C The Infinitive with or without *zu*

a) (1) läßt - (2) hört - (3) will-wird - (4) fühlt - (5) sieht -
(6) kann-wird - (7) darf-kann-wird - (8) läßt -
(9) wird-möchte - (10) möchte-will.

b) (1) Der Soldat hat den Befehl zu befolgen. - **(2)** Unnötige
Verpackungen sind zu vermeiden. - **(3)** Du brauchst diese
Rechnung nicht sofort zu bezahlen. - **(4)** ... ist zu
benachrichtigen. - **(5)** Ich habe ... zu sagen. - **(6)** Sie
brauchen ... zu machen. - **(7)** ... sind zu vernichten. - **(8)** ... hat
... zu funktionieren. - **(9)** Peter hat ... zu machen. - **(10)** Du
brauchst ... zu glauben.

c) (1) zu - **(2)** Ø - **(3)** zu - **(4)** Ø - **(5)** zu - **(6)** zu - **(7)** Ø - **(8)** zu -
(9) zu - **(10)** Ø.

d) (1) Das Kind lernt lesen. - **(2)** Er scheint ein Nationalist zu
sein. - **(3)** Du glaubst, immer recht zu haben. - **(4)** Er hat sich
sein Auto reparieren lassen.- **(5)** Ich brauche morgen nicht zu
arbeiten. - **(6)** She's getting divorced. - **(7)** He's helping me to
get things ready for the party. - **(8)** The pupils must listen to
the teacher. - **(9)** Suitcases have to be opened at customs. -
(10) I can hear the train coming.

15 Prepositions

A With the Accusative

a) **(1)** um - **(2)** ohne - **(3)** gegen - **(4)** wider - **(5)** für - **(6)** bis - **(7)** gegen/um - **(8)** entlang (**when** entlang **follows the noun it is in the accusative; a noun preceded by** entlang **is in the dative**) - **(9)** durch - **(10)** bis.

b) **(1)** Die Abgeordneten haben gegen dieses Gesetz gestimmt. - **(2)** Die Maschinen für den Export .../Die für den Export bestimmten Maschinen sind nicht fertig. - **(3)** Zum ersten Mal schneite es um Weihnachten (herum)./Es schneite zum ... - **(4)** Wir sind durch die Schweiz gefahren. - **(5)** Die Gäste werden gegen acht Uhr kommen. - **(6)** Ich habe diesen Wagen/dieses Auto für £5000 gekauft. - **(7)** Die Zugreise dauert drei bis vier Stunden/... zwischen drei und vier Stunden. - **(8)** Wir saßen um einen alten Tisch (herum). - **(9)** Ich habe für uns alle bezahlt. - **(10)** Ich habe diese Nachricht durch das Radio/den Rundfunk/aus dem Radio/Rundfunk erfahren.

B With the Dative

a) **(1)** seit - **(2)** mit - **(3)** nach - **(4)** gegenüber - **(5)** zu - **(6)** nach - **(7)** bei - **(8)** zufolge (**preceded by the dative; followed by the accusative**) - **(9)** außer - **(10)** von.

b) **(1)** Nach vier Wochen kam sie von ihrer Reise zurück./Sie kam nach ... - **(2)** Ich habe ihr aus dem Wagen geholfen. - **(3)** Ein Verdächtiger mit einer grünen/... mit grüner Jacke wurde in diesem Viertel gesehen. - **(4)** Nach dem Gesetz ist der Angeklagte schuldig. - **(5)** Die Passagiere aus London werden gebeten, sich zum Schalter 8 zu begeben. - **(6)** Jeden Abend gehe ich zu ihm. - **(7)** Mit vierzig .../Im Alter von 40 Jahren beendete er seine Karriere als Künstler. - **(8)** Zu seiner

Zeit war das Leben ruhiger. - (9) Das Haus war aus roten
Ziegelsteinen. - (10) Nach dir bin ich an der Reihe/... bin ich
dran.

C With the Dative or the Accusative

a) (1) Woher kommt ihr? - (2) Wo lebt ihr dort? - (3) Wo
verbrachtet ihr bisher immer euren Urlaub? - (4) Wo begann
der Strand? - (5) Wohin führten euch ...? - (6) Woher werden
...? - (7) Wohin fahrt ihr ...? - (8) Wohin geht ihr ...? - (9) Wo
habt ihr ...? - (10) Wo werdet ihr...?

woher? → **dative** / wohin? → **accusative** / wo? → **dative**

b) (1) den - (2) das/ans - (3) die - (4) dem - (5) dem - (6) den -
(7) die - (8) den - (9) - dem - (10) der.

c) (1) in den - (2) in dem/im - (3) in der - (4) an der - (5) an
den - (6) in das/ins - (7) an dem/am - (8) auf den - (9) unter
dem - (10) in die.

d) (1) den - (2) gesetzt - (3) dem - (4) gesessen - (5) den -
(6) gelegt - (7) dem - (8) gelegen - (9) den - (10) gestellt -
(11) dem - (12) gestanden - (13) das/ins - (14) gelegt -
(15) die - (16) gehängt - (17) der - (18) gehangen - (19) die -
(20) gestellt.

e) (1) in - (2) am - (3) zwischen - (4) vor - (5) unter - (6) auf -
(7) über/lang/hindurch - (8) in - (9) am - (10) im.

f) (1) im - (2) am - (3) im - (4) im - (5) in - (6) im - (7) am -
(8) in - (9) an - (10) in - (11) im - (12) am - (13) im -
(14) an - (15) in - (16) an - (17) im - (18) am - (19) am -
(20) in.

D With the Genitive

a) **(1)** längs - **(2)** während - **(3)** (an)statt - **(4)** wegen - **(5)** trotz.

b) **(1)** diesseits - **(2)** unterhalb - **(3)** außerhalb - **(4)** inmitten - **(5)** unweit/in der Nähe.

E Revision Exercises

a) **(1)** für - **(2)** ohne ihn - **(3)** vor - **(4)** unter - **(5)** über - **(6)** gegen - **(7)** mit deiner - **(8)** nach - **(9)** vor - **(10)** weit von.

b) **(1)** ihn - **(2)** ihr/ihnen - **(3)** dich - **(4)** mir - **(5)** dich - **(6)** ihm - **(7)** Ihnen - **(8)** ihn - **(9)** dir - **(10)** ihm.

c) **(1)** den - **(2)** der, den - **(3)** die - **(4)** der - **(5)** den - **(6)** die - **(7)** der - **(8)** der - **(9)** dem - **(10)** den - **(11)** dem - **(12)** den - **(13)** den - **(14)** der - **(15)** die - **(16)** dem - **(17)** dem - **(18)** dem, die - **(19)** der - **(20)** die.

d) **(1)** aus dem - **(2)** unter die - **(3)** vor den - **(4)** in das/ins - **(5)** aus dem - **(6)** von dem/vom - **(7)** in die - **(8)** an die/zu der/ zur/vor die - **(9)** aus dem - **(10)** an den - **(11)** in der - **(12)** unter den - **(13)** zu - **(14)** mit der - **(15)** hinter dem - **(16)** in der - **(17)** durch den - **(18)** in die - **(19)** vor dem - **(20)** aus der.

e) **(1)** dank den/der Veränderungen - **(2)** inmitten der jubelnden Menge - **(3)** jenseits des eisernen Vorhangs - **(4)** entgegen ihren - **(5)** beiderseits der deutsch-deutschen Grenze.

f) **(1)** anläßlich der Maueröffnung - **(2)** ungeachtet der Zwischenrufe - **(3)** zwecks einer Verbesserung - **(4)** gegenüber den Oppositionsgruppen - **(5)** außer einer Minderheit.

16 The Subjunctive

A The Imperfect Subjunctive (Conditional)

a) **(1)** äßet/würdet essen - **(2)** hätte/würde haben - **(3)** bliebest/
würdest bleiben - **(4)** wären/würden sein - **(5)** führet ab/
würdet abfahren - **(6)** nähme/würde nehmen - **(7)** würde/
würde werden - **(8)** telefonierten/würden telefonieren -
(9) wüßten/würde wissen - **(10)** gingest/würdest gehen -
(11) erinnertet euch/würdet euch erinnern - **(12)** sähen/
würden sehen - **(13)** schaltetest ein/würdest einschalten -
(14) gäben/würden geben - **(15)** arbeitete/würde arbeiten -
(16) fiele/würde fallen - **(7)** sprächest/würdest sprechen -
(18) lernte/würde lernen - **(19)** ließe/würde lassen -
(20) brächten/würden bringen.

b) **(1)** wären - **(2)** verhielten - **(3)** wären - **(4)** gäbe - **(5)** hätten -
(6) ließe - **(7)** wären - **(8)** zeigten - **(9)** klänge -
(10) strömten - **(11)** gäbe - **(12)** lehrte - **(13)** begännen -
(14) hörte auf - **(15)** bekämen - **(16)** regierten - **(17)** dürften -
(18) sorgten - **(19)** gäbe - **(20)** wären.

B Use of the Imperfect Subjunctive

c) **(1)** Wenn er genug Geld verdiente, ließ er sich einen
Maßanzug schneidern.- **(2)** Wenn mein Chef besser gelaunt
wäre, würde ich ihn um eine Gehaltserhöhung bitten. -
(3) Wenn die Sozialdemokraten gewonnen hätten, wäre
Lafontaine Kanzler geworden. - **(4)** Wenn die Mannschaft
besser spielte, gewönne/gewänne sie den Pokal. - **(5)** Wenn
es keine Zensur gegeben hätte, wäre dieser Artikel gedruckt
worden.- **(6)** Wenn ich Türkisch spräche, verbrächte... -
(7) Wenn du dich vorher besser informiert hättest, wärest du
nicht betrogen worden. - **(8)** Wenn er wüßte, wie man einen

Reifen wechselt, müßte er jetzt nicht auf den Pannendienst warten. - **(9)** Wenn sie nicht gekündigt hätte, hätte sie weiterhin unter ihrer Chefin leiden müssen. - **(10)** Wenn du pünktlich gekommen wärst, hätten wir ins Kino gehen können.

b) **(1)** Wenn er mich doch nur vom Bahnhof abgeholt hätte!/ Hätte er mich doch nur...! - **(2)** Wenn sie doch nur bei ihrer Familie geblieben wäre!/ Wäre sie doch nur bei ihrer Familie geblieben! - **(3)** Wenn wir hier doch nur schneller fahren dürften!/Dürften wir hier doch nur schneller fahren! - **(4)** Wenn er doch nur Lust zu kommen hätte!/Hätte er doch nur Lust zu kommen! - **(5)** Wenn ich nur genug Geld hätte!/ Hätte ich doch nur genug Geld! - **(6)** Wenn du nur gefragt worden wär(e)st!/Wär(e)st du doch nur gefragt worden wär(e)st!/Wär(e)st du doch nur gefragt worden! - **(7)** Wenn sie nur nicht immer zu spät kämen!/Kämen sie nur nicht immer zu spät! - **(8)** Wenn das Kind die Straße nur nicht bei Rot überquerte!/Überquerte das Kind die Straße nur nicht bei Rot! - **(9)** Wenn sie nur informiert würden!/Würden sie doch nur informiert! - **(10)** Wenn er nur wüßte, ob er eine Arbeit finden wird!/Wüßte er doch nur, ob...!

c) **(1)** als ob ich sein erster Kunde wäre/als wäre ich sein erster Kunde - **(2)** als ob wir uns schon seit Jahren kennten/als kennten wir uns... - **(3)** als ob sie seine Privatsklaven wären/ als wären sie seine... - **(4)** als ob er von nichts wüßte/als wüßte er von nichts. - **(5)** als ob sie keiner Fliege etwas zuleide tun könnte/als könnte sie keiner Fliege etwas zuleide tun.

Als wenn **is also possible (instead of** *als ob***).**

d) **(1)** Wenn ich deine Adresse nicht verloren hätte, hätte ich dir eine Karte aus Italien geschrieben.
   (2) Wenn ich an deiner Stelle wäre, ließe ich mich sofort scheiden.

(3) Wenn ich nur wüßte, ob er kommt!
(4) Er mußte umziehen, sonst hätte er niemals eine Arbeit gefunden.
(5) Du siehst mich an, als hättest du mich nie gesehen.
(6) Könnten Sie mir seine Telefonnummer geben?
(7) Es wäre besser, wenn du zu einem Arzt gingest. Es wäre besser, du gingest...
(8) Würdest du mir wirklich dein Auto leihen?
(9) Ich hätte ihn fast nicht wiedererkannt.
(10) Er hätte mich besucht, aber er hatte meine Adresse nicht.

C Present Subjunctive – Reported Speech

a) (1) ind. - (2) subj. - (3) ind. + subj. - (4) subj. - (5) ind. + subj. - (6) subj. - (7) ind. + subj. - (8) subj. - (9) subj. - (10) subj. - (11) ind. + subj. - (12) ind. + subj. - (13) ind. + subj. - (14) subj. - (15) ind. + subj. - (16) ind. + subj. - (17) ind. + subj. - (18) subj. - (19) ind. - (20) ind.

When the forms in the present subjunctive and in the indicative are identical, the forms in the present subjunctive are replaced by the forms in the imperfect subjunctive (1st person singular and plural and 3rd person plural).

b) (1) er werde mitkommen - (2) ich telefoniere → ich telefonierte - (3) gebest - (4) seien gefallen - (5) werde bestraft werden - (6) fahrest - (7) habe gewollt - (8) seien eingeladen worden - (9) bringe - (10) habe gehabt → hätte gehabt.

D Indirect Speech

a) (1) Dann laufe er ... um sich ... - (2) habe seine Frau ... - (3) ... werde er von seinem Chauffeur ... - (4) ... lese er ...

gekauft habe. - **(5)** ... bespreche er mit seiner Sekretärin ... - **(6)** vergehe ... ihren Mitarbeitern ... - **(7)** ... finde ... statt. - **(8)** ... fliege er ... wo ... befinde - **(9)** ... anstrengend sei ... möchte er... - **(10)** .. finde er ... er könne... dank seines...

b) **(1)** ... bin ich ... von meinem Büro ... - **(2)** ... hat geherrscht - **(3)** Ich bin ... gefahren - **(4)** ... hat der Wagen vor mir ... abgebremst - **(5)** ... gewesen ist, habe ich ... stoppen können - **(6)** Ich habe mich gefragt ... gelaufen ist - **(7)** Mein Kollege und ich sind ... ausgestiegen - **(8)** ... hat sich entschuldigt ... ich habe ... gelaufen ist - **(9)** Mein Wagen hat ... gehabt ... ist kaputt gewesen - **(10)** ... ist von uns nicht gerufen worden, da wir geglaubt haben ...

c) **(1)** ob es ... geben werde - **(2)** wer... verantwortlich sei. - **(3)** Warum... informiert worden sei. - **(4)** ob man wisse, wer ... werde. - **(5)** ob man ... zufrieden sein könne - **(6)** was ... besprochen worden sei. - **(7)** ob ... zu denken gebe. - **(8)** wie man ... reagieren wolle - **(9)** ob ... bedroht sei. - **(10)** wann ... stattfinde.

d) **(1)** Er solle nicht so viel trinken. - **(2)** Er solle endlich aufhören zu rauchen. - **(3)** Er solle nicht so spät nach Hause kommen. - **(4)** Er solle nicht so laut schnarchen. - **(5)** Er solle nicht so viel Geld im Spielsalon ausgeben. - **(6)** Er solle ihr endlich einen Pelzmantel kaufen. - **(7)** Er solle sich auch mal um die Kinder kümmern. - **(8)** Er solle endlich ein paar Kilo abnehmen. - **(9)** Er solle nicht ständig mit anderen Frauen flirten. - **(10)** Er solle ihr mehr Haushaltsgeld zahlen.

e) **(1)** ... habe sie ihre Ferien mit ihrer Freundin ... verbringen wollen ... - **(2)** ... sie... gebucht hätten, hätten sie ... bekommen. - **(3)** sie hätten sich gefragt, wie ... aussehen werde, ob ... gebe. - **(4)** ob man auf sie ... reagiere. - **(5)** wisse sie ... gehöre ... - **(6)** ... sei ... finde. - **(7)** ... bestehe ... - **(8)** ... lebten ... beuteten ... transferierten ... - **(9)** Sie sollten in seine Sprachschule kommen, er habe ... engagiert, so habe ...

auf sie eingeredet. - **(10)** sie seien nicht enttäuscht worden. - **(11)** ... hätten sie ... genommen. - **(12)** hätten sie ... gewohnt. - **(13)** so seien sie gezwungen gewesen... - **(14)** ... hätten sie... unternommen ... - **(15)** ... für sie sei ... gewesen. - **(16)** wie hätten ... konstruieren können. - **(17)** ... seien ... herumgesprungen ... hätten sie ... beworfen. - **(18)** ihre Angst ... sei unbegründet gewesen. - **(19)** ... würden sie ... denken. - **(20)** ... man solle nicht vergessen ...

17 Time Exercises

a) **(1)** Wenn ich spazieren ging, pflückte ich ... - **(2)** Wenn meine Eltern im Sommer nach Spanien fahren, wohnen sie dort ... - **(3)** Als ich eine Resie durch die Wüste unternahm, sah ich ... - **(4)** Wenn ich meinen Urlaub dieses Jahr am Atlantik verbringe, nehme ich... - **(5)** Als ich letztes Jahr in den Alpen zum Skifahren war, begegnete ich ... - **(6)** Wenn wir ohne Wanderkarte aus dem Haus gingen, verliefen wir ... - **(7)** Als er gestern an einem Bauernhof vorbeikam, biß ... - **(8)** Als wir uns auf freiem Feld befanden, begann es ... - **(9)** Wenn ich andere Spaziergänger traf, unterhielten wir uns ... - **(10)** Als ich vor vier Wochen in Birmingham war, wurde sein Auto... .

b) **(1)** Wenn ich die Wohnung aufräume, ... - **(2)** Als ich das Buch las, ... - **(3)** Als er das Durcheinander sah, ... - **(4)** Wenn ich mich bei Telefongesprächen langweile, ... - **(5)** Als die Weltmeisterschaft begann, ... - **(6)** Als ich in Berlin ankam, ... - **(7)** Wenn ich lebhaft diskutiere, ... - **(8)** Als ich die Buchhandlung betrat, ... - **(9)** Als wir die Landkarte betrachteten, ... - **(10)** Als ich die Zeitung aufschlug, ...

c) **(1)** Bevor ich aufstehe, klingelt mein Wecker ...
   (2) Bevor ich mich unter die Dusche stelle, hole ich mir ...
   (3) Während ich unter der heißen Dusche stehe, höre ich ...
   (4) Während ich frühstücke, lese ich ...
   (5) Bevor/während ich ... zusammensuche, werfe ich ...
   (6) Während/bevor ich ... warte, unterhalten wir uns ...
   (7) Bevor ich ... gehe, spreche ich ...
   (8) Bevor ich ... beginne, öffne ich ...
   (9) Bevor ich ... habe, führe ich ...
   (10) Während wir ... diskutieren, werden wir ...

d) **(1)** Während ich Spanisch studierte, ... - **(2)** Bevor ich mein Examen ablegte, ... - **(3)** Während ich mich in B.A.

aufhielt, ... - **(4)** Bevor wir in Rio zwischenlandeten, ... - **(5)** Während wir von ... nach ... flogen, ...

e) **(1)** eingetroffen sind - **(2)** gehalten hat - **(3)** gegessen haben - **(4)** aufgestanden waren - **(5)** erhalten haben - **(6)** gehört hatte - **(7)** erstürmt hatten - **(8)** wiederhergestellt (worden) war - **(9)** kritisiert hatten - **(10)** erzielt hatte.

f) **(1)** Nachdem Amerika entdeckt worden war, ... - **(2)** Nachdem Hitler die Macht ergriffen hatte, ... - **(3)** Nachdem die Wahlen stattgefunden haben, ... - **(4)** Sobald die deutsch-deutsche Grenze geöffnet (worden) war, ... - **(5)** Nachdem Mandela freigelassen (worden) war, ... - **(6)** Nachdem Allende die Wahl(en) gewonnen hatte, ... - **(7)** Sobald die DM in der DDR eingeführt (worden) ist, ... - **(8)** Nachdem Spanien der EG beigetreten ist, ... - **(9)** Nachdem der Zweite Weltkrieg beendet (worden) war, ... - **(10)** Nachdem der Papst Spanien besucht hatte, ...

g) **(1)** bis - **(2)** seit - **(3)** bis - **(4)** seit - **(5)** seit - **(6)** seit - **(7)** bis - **(8)** seit - **(9)** bis - **(10)** bis.

h) **(1)** Während sie fuhren, konnten die Touristen die Landschaft bewundern. - **(2)** Als sie an die/zur Haltestelle kam, war der Bus schon weg. - **(3)** Jedesmal/immer wenn ich den Aufzug nehmen wollte, hatte er eine Panne. - **(4)** Ich kümmere mich um ihre Wohnung, bis sie aus Japan zurückkommt. - **(5)** Wir spielen Karten, solange (wie) es uns gefällt. - **(6)** Ich spreche mit ihm/werde mit ihm sprechen, bevor/ehe er andere/weitere Dummheiten macht. - **(7)** Sobald er von der Arbeit heimkommt, spielt er mit den Kindern. - **(8)** Seit(dem) sie weg sind, ist das Leben ruhiger geworden. - **(9)** Nachdem sie eine Stelle gefunden hatte, zog sie um. - **(10)** (Immer/jedesmal) wenn er die (Klein)anzeigen las, hatte er Lust zu verreisen/wegzufahren.

i) **(1)** Seit(dem) die ... begonnen hat, ... - **(2)** Sobald ich aufgestanden bin, ... - **(3)** Während die deutsche Mannschaft spielte, ... - **(4)** Als Maradonna ein Tor schoß, ... - **(5)** Nachdem die brasilianische Mannschaft ausgeschieden war, ... - **(6)** Ehe/bevor Kamerun zum ersten Mal spielte, ... - **(7)** (Immer/jedesmal) wenn ein wichtiges Spiel stattfand, ... - **(8)** Bis das Spiel anfing, ... - **(9)** (Immer/jedesmal) wenn der Schiedsrichter Fehlentscheidungen traf, ... - **(10)** Als die Fußballweltmeisterschaft zu Ende ging, ...

Seit and *seitdem* can both be used with subordinate clauses.

18 Conditions

a) (1) Wenn sie kommt, wird er gehen. (2) Wenn sie käme,
würde er gehen. (3) Wenn ich viel Geld hätte, würde ich
einen Mercedes kaufen. (4) Wenn ich ein (Fahr)rad kaufte,
würde ich gesünder sein. (5) Wenn sie wirklich zu dick
wären, würden sie abnehmen müssen. (6) Ich würde Squash
spielen, wenn ich dürfte. (7) Wenn du, mein Sohn,
Rollschuhe haben willst, mußt du dein Taschengeld sparen.
(8) Er wird morgen kommen, wenn er es sich leisten kann.
(9) Er würde übermorgen kommen, wenn er es sich leisten
könnte. (10) Wenn sie nach Hause ginge, würde ich
Selbstmord begehen.

b) (1) Wenn ich ... besorge, kann ich ... - (2) Schließt er ... ab,
(so/dann) muß er ... - (3) Falls ich im Lotto gewinne, zahle
ich ... - (4) Fordert das Finanzamt ..., (so/dann) konsultiere
ich ... - (5) Falls der Vermieter ... droht, gehe ich ... -
(6) Steigen die Aktien, (so/dann) werde ich ... - (7) Wenn
wir ... machen werden, werden wir ... spenden. - (8) Bekommt
er ..., (so/dann) muß er ... zahlen. - (9) Falls man ihr ...
gewährt, kann sie ... eröffnen. - (10) Ist sie ..., (so/dann)
macht sie ... .

c) (1) Wenn du mir nicht hilfst, ... - (2) Falls es regnet, ... -
(3) Wenn du ein wenig Geduld aufbringst, ... - (4) Im Fall,
daß Sie die Geschwindigkeit überschreiten, ... -
(5) Vorausgesetzt, daß Sie über ein wenig Berufserfahrung
verfügen, ... - (6) Wenn Sie das Medikament einnehmen, ... -
(7) Unter der Bedingung, daß Sie Auslandserfahrungen
vorweisen können, ... - (8) Unter der Bedingung, daß Sie gut
Spanisch sprechen, ... - (9) Wenn Sie genau hinsehen, ... -
(10) Angenommen, daß ich ein Stipendium erhalte, ...

d) (1) Ob - (2) Wenn - (3) Ob - (4) Als - (5) Wenn - (6) Wann -
(7) Ob - (8) Wenn - (9) Wenn - (10) wenn.

e) **(1)** Wenn er das gemacht hat, wird er Schwierigkeiten haben. - **(2)** Wenn sie auf der Autobahn fährt, wird sie vor fünf Uhr ankommen (kommt sie vor fünf Uhr an). - **(3)** Wenn man den Astrologen glaubt (Glaubt man den Astrologen), (so/dann) kann man seinem Schicksal nicht entrinnen/entgehen/ entkommen. - **(4)** Du kannst mein Auto nehmen, unter der Bedingung/vorausgesetzt, daß du um sechs (Uhr) (wieder) zurück bist. - **(5)** Angenommen/vorausgesetzt, daß es schön ist (Angenommen/vorausgesetzt, es ist schön), (so/dann) werden wir draußen essen/essen wir draußen. - **(6)** Ich komme, wenn ich Zeit habe. - **(7)** Im Fall(e), daß/Falls du ihn siehst, grüße ihn von mir. - **(8)** Selbst wenn ich kein Geld habe, gehe ich viel/oft aus. - **(9)** Sie geht jeden Tag im Park spazieren (sie macht ... einen Spaziergang), außer wenn es regnet. - **(10)** Du kannst mich begleiten, vorausgesetzt, daß du keine anderen Pläne hast/vorausgesetzt, du hast nichts anderes vor.

19 Cause and Effect

a) **(1)** ..., weil sie nicht zu kochen braucht. - **(2)** ..., weil er viele Wanderungen unternommen hat. - **(3)** ..., weil sie in Ruhe ihre Handarbeit machen konnnte. - **(4)** ..., weil sie jeden Morgen bis 10 Uhr schläft. - **(5)** ..., weil er eine nette Italienerin kennengelernt hat.

b) **(1)** ..., weil sie die Kinder nicht allein lassen konnten. - **(2)** ..., weil sie ihre Schwiegermutter vom Bahnhof abholen mußten. - **(3)** ..., weil sie mit dem Hund zum Arzt fahren sollten. - **(4)** ... weil sie nicht ohne ihre Frauen kommen wollten. - **(5)** ..., weil sie unser Haus nicht finden konnten. - **(6)** ..., weil sie wegen einer Erkältung das Haus nicht verlassen durften. - **(7)** ..., weil sie unbedingt das Fußballspiel sehen mußten. - **(8)** ..., weil sie für einen Abend nicht so weit fahren wollten. - **(9)** ... weil sie das Auto nicht benutzen durften. - **(10)** ..., weil sie zum Geschäftsessen mit einem Kunden gehen mußten.

c) **(1)** Weil er Angst vor seinen Eltern hat, ... - **(2)** Weil er seinem/auf seinen guten Orientierungssinn vertraute, ... - **(3)** Weil sie vom Sieg überzeugt waren, ... - **(4)** Weil es ständig regnete, ... - **(5)** ..., weil er schlechte Berufsaussichten hatte.

d) **(1)** Der Fußballspieler foulte seinen Gegner, deshalb gab der Schiedsrichter einen Elfmeter. - **(2)** ..., deswegen fürchteten die Veranstalter um ... - **(3)** ..., weil der Spieler ... gezogen hatte - **(4)** ..., darum wurde das Spiel unterbrochen. - **(5)** ..., da die Regierung ... verhängt hatte. - **(6)** ..., deshalb wurde es verlängert. - **(7)** ..., denn der Spieler befand sich im Abseits. - **(8)** ..., da der beste Spieler ... gestellt wurde. - **(9)** ..., darum waren die Straßen ... . - **(10)** ..., denn er spielte ...

e) **(1)** Ich habe keine Lust, in einem italienischen Restaurant zu
Abend zu essen, zumal ich erst gestern eine Pizza gegessen
habe. - **(2)** Da er noch nicht lange in dieser Firma arbeitete,
konnte er keinen Urlaub nehmen. - **(3)** Sie ist zu spät zur
Schule gekommen, weil sie den Bus verpaßt hat. - **(4)** Wir
bleiben nicht länger als eine Woche, da/weil die Schule am
10. September beginnt. - **(5)** Wir sind schon (am)
Freitagabend gefahren, da am Samstagmorgen auf der
Autobahn immer Staus sind. - **(6)** Da er nicht pünktlich kam,
sind wir ohne ihn ins Theater gegangen. - **(7)** Ich schreibe dir
nicht, weil du nächste Woche zu uns kommen wirst. - **(8)** Der
Sportler war über seine Niederlage sehr enttäuscht, zumal er
sicher war zu gewinnen. - **(9)** Sie brauchen eine größere
Wohnung, weil sie vier Kinder haben. - **(10)** Sie heiratet
nicht, denn sie will unabhängig bleiben.

20 Consequences

a) (1) ... herrschte viel Verkehr, so daß man kaum überholen konnte/... herrschte so viel Verkehr, daß ... - (2) ..., so daß er nicht ausweichen konnte./Er hatte sich so verschätzt, daß ... - (3) ..., so daß es zu ... kam. - (4) ..., so daß sie ... gesperrt werden mußte. - (5) ..., so daß sie sich nicht ... befreien konnten./... so stark beschädigt, daß ... - (6) ..., so daß den Verletzten rasch geholfen wurde./... so schnell, daß den Verletzten ... - (7) ..., so daß sie ... behandelt werden konnten./... so leichte Verletzungen, daß sie ... - (8) ... so leichtsinnig gewesen, daß sie ... (9) ..., so daß sie ... bleiben mußte./so schwere Verletzungen, daß ... - (10) ..., so daß sie sich nie wieder ... setzte./... so schockiert, daß ...

b) (1) dermaßen - (2) solche - (3) solch - (4) dermaßen - (5) solch - (6) dermaßen - (7) solch - (8) dermaßen - (9) solch - (10) dermaßen.

c) (1) Es hat nicht aufgehört zu regnen, so daß wir nie an den Strand gefahren sind. - (2) Er war so/dermaßen müde, daß er vor dem Fernseher eingeschlafen ist. - (3) Sie war so/dermaßen in ihre Lektüre vertieft, daß sie das Telefon nicht hörte. - (4) Der Sieg der Fußballmannschaft war eine solche Überraschung, daß man die ganze Nacht feierte. - (5) Er war so/dermaßen diskret, daß man ihm die heikelsten Arbeiten anvertraute.

21 Concessions

a) **(1)** Er bekam die Arbeit nicht, obwohl/obschon/obgleich er
die besten Voraussetzungen hatte. - **(2)** ..., obwohl sie nicht ...
entsprach. - **(3)** ... obwohl ich ... weitergefahren war. - **(4)** ...
obwohl er ... hätte arbeiten müssen. - **(5)** Obwohl er ... Atheist
war, ging er ... - **(6)** Obwohl der Fußballspieler ... hatte, nahm
er ... - **(7)** ..., obwohl er ... informiert worden war. - **(8)** ...
obwohl sie ... ist? - **(9)** Obwohl sie viele ... hatte, wurde
sie ... - **(10)** ... obwohl er ... getrunken hatte.

Obwohl, obgleich and *obschon* are synonyms!

b) **(1)** ..., dennoch ließ sie sich nicht scheiden. - **(2)** ..., obwohl er
... beschwerte. - **(3)** Zwar hielt ..., aber sie erzählte ... -
(4) ... trotzdem begann sie ... - **(5)** ..., obgleich man ihr ... hätte
helfen können. - **(6)** Zwar kümmerte ... um die Kinder, aber
dennoch hielten sie ... - **(7)** Die Nachbarn kannten ...,
allerdings taten sie so ... **(8)** Zwar betrog ..., dennoch machte
sie ihm ... - **(9)** ..., trotzdem änderte ihr Mann ... -
(10) ..., dennoch kaufte sie sich ... .

c) **(1)** Er raucht weiterhin, obwohl seine Frau schwanger ist. -
(2) Obwohl Peter noch jung ist, hat er schon drei Kinder. -
(3) Susan ist gegen Atomkraftwerke. Dennoch/Trotzdem
geht sie nicht zu der Demonstration. - **(4)** Obwohl es schön
ist, spielen die Kinder im Haus. - **(5)** Ich spreche kein Wort
Chinesisch. Dennoch habe ich beschlossen, nächstes Jahr
nach China zu reisen.

d) **(1)** Es ist noch nicht achtzehn, dennoch/trotzdem fährt er
mit dem Auto seines Vaters.
(2) Sie hat kein Abitur, dennoch/trotzdem hört sie
Vorlesungen an der Universität.
(3) Er ist erst vier Jahre alt, dennoch/trotzdem kann er schon
seinen Namen schreiben.

(4) Er hatte den Bus verpaßt, dennoch/trotzdem kam er rechtzeitig zur Arbeit.

(5) Sie kennt Peter erst seit zwei Wochen, dennoch/trotzdem heiratet sie ihn demnächst.

(6) Er will ein paar Kilo abnehmen, dennoch/trotzdem möchte er auf sein tägliches Bier nicht verzichten.

(7) Sie wohnt schon seit zwei Jahren hier, dennoch/trotzdem kennt sie die Nachbarn noch nicht.

(8) Er hatte hohe Schulden, dennoch/trotzdem kaufte er sich ein teures Auto.

(9) Er trainiert jeden Tag, dennoch/trotzdem gewinnt er kein einziges Spiel.

(10) Sie spielte jede Woche im Lotto, dennoch/trotzdem hatte sie noch nie 6 Richtige.

22 Comparisons and Means

a) (1) Der Andrang war so groß, wie ich befürchtet hatte. /... war größer, als ich befürchtet hatte. - (2) ... so schnell verkauft, wie .../... schneller verkauft, als ... - (3) ... so provozierend, wie .../... provozierender, als ... - (4) ... so gelungen, wie .../... gelungener, als ... - (5) ... so überzeugend, wie .../... überzeugender, als ... - (6) ... so ausgezeichnet, wie .../... ausgezeichneter, als ... - (7) ... so begeistert, wie .../... begeisterter, als ... - (8) ... so lange an, wie .../... länger an, als ... - (9) ... so experimentierfreudig, wie .../... experimentierfreudiger, als ... - (10) ... so lohnend, wie .../... lohnender, als ... .

b) (1) als - (2) wie - (3) wie - (4) als - (5) wie - (6) wie - (7) als - (8) wie - (9) als - (10) als.

c) (1) ..., desto schlechtere Laune habe ich. - (2) ..., desto weniger verstehe ich (dich). - (3) ..., desto sympathischer finde ich sie. - (4) ..., desto fröhlicher wurden wir.- (5) ..., desto mehr langweilten wir uns. - (6) Je reicher er wird, ... - (7) Je mehr Schulden sie hat, ... - (8) Je höher die Inflation ist, ... - (9) Je mehr sich die Wirtschaftslage verschlechtert, ... - (10) Je langsamer die Preise steigen, ...

d) (1) Je größer das Wohnungsangebot ist, desto leichter ist es, eine Wohnung zu finden. (2) Je mehr ... gebaut werden, desto weniger ... gibt es. (3) Je mehr ... renoviert werden, desto teurer wird dort ... - (4) Je unsozialer ..., desto mehr ... - (5) Je niedriger ..., desto mehr nimmt ... - (6) Je weniger ..., desto mehr ziehen ... - (7) Je größer ..., desto mehr...- (8) Je unmenschlicher ..., desto höher ... - (9) Je katastrophaler ..., desto mehr ... - (10) Je weniger ..., desto schwieriger ... .

e) (1) Je mehr er trank, desto/um so mehr erzählte er. - (2) So wie ich meine Schwester kenne, wird sie sich schnell an die neue Situation gewöhnen. - (3) Wie ich dir in meinem letzten

Brief geschrieben habe, bereite ich mein Examen/ meine Prüfung vor. - (4) Da meine Abreise näherrückt, werde ich immer nervöser. - (5) Je weniger du dich einmischst, desto/ um so besser ist es. - (6) Je mehr du (mir) erklärst, desto weniger verstehe ich. - (7) Ich werde mir so viel Zeit nehmen, wie ich brauche. - (8) Soviel ich weiß, war sie immer sehr großzügig. - (9) Ich lebe, wie ich will. - (10) Er gibt mehr Geld aus, als er verdient.

f) (1) Chemiekonzerne könnten ..., indem/dadurch, daß sie ... bauen. - (2) Die Stadtverwaltung kann ..., indem/dadurch, daß sie ... einrichtet und ... begünstigt. - (3) Die Industrieunternehmen können ..., indem/dadurch, daß sie ... einbaun. - (4) Die Regierung kann ..., indem/dadurch, daß sie ... verbietet. - (5) Die Bauern könnten ..., indem/dadurch, daß sie ... benutzen.

g) (1) Ich bin aus dem Gebäude gegangen, ohne daß es jemand bemerkt hat/hätte. - (2) Sie hat nichts am Telefon gesagt, außer daß man das Treffen verschieben muß/müsse. - (3) Er rettete sich dadurch, daß/, indem er aus dem Fenster sprang. - (4) Er kam auf mich zu und hielt einen Blumenstrauß in der Hand. - (5) Man kann eine Sprache lernen, indem man einen Intensivkurs im Land macht. - (6) Man kann Mechaniker werden, indem man eine Lehre macht. - (7) Wir können ihm dadurch helfen, daß wir ihm kostenlos ein Zimmer zur Verfügung stellen. - (8) Dadurch, daß sie ein Stipendium erhält, kann sie ihre Doktorarbeit schneller beenden. - (9) Er schaute aus dem Fenster und bemerkte plötzlich eine Gruppe von Demonstranten auf der Kreuzung. - (10) Wir informieren uns über die Lage in Lateinamerika, indem wir regelmäßig "El País" lesen.

23 Purpose

a) (1) damit meine Chancen auf dem Arbeitsmarkt steigen. -
(2) damit er nette Leute kennenlernt. - (3) um mich in den
Ferien in der Türkei zu verständigen . - (4) um meine
Leistungen in Mathematik zu verbessern. - (5) damit sich
mein Mann nicht länger über meine Kochkunst beschwert. -
(6) um meine Übersetzungsarbeit zu beschleunigen. -
(7) damit sie Cäsar im Original lesen können. - (8) um mich
nachts in der Stadt sicher zu fühlen. - (9) damit sie ein
Instrument spielen lernen. - (10) damit wir uns eine Weltreise
leisten können.

b) (1) Kaufen Sie ..., damit Sie ... reduzieren.
(2) Nehmen Sie ..., damit Sie ... schonen.
(3) Benutzen Sie ..., damit Sie sich ... schützen.
(4) Spenden Sie ..., damit Sie ... helfen.
(5) Lassen Sie ..., damit Sie ... sparen.
(6) Verwenden Sie ..., damit Sie ... entlasten.
(7) Kaufen Sie ..., damit Sie ... unterstützen.
(8) Fahren Sie ..., damit Sie ... kommen.
(9) Machen Sie ..., damit Ihr ... kommt.
(10) Gönnen Sie sich ..., damit ... ist.

c) (1) Um Ihre ... zu verlängern, ... - (2) Um die ... zu ergreifen,
... - (3) Um den ... zu bekämpfen, ... - (4) Um die ... zu
lindern, ... - (5) Um diese ... herzustellen, ... - (6) Um den ...
zu überwachen, ... - (7) Um die ... zu steigern, ... - (8) Um
Kindesmißhandlungen ... zu vermeiden, ... - (9) Um ...
einzureisen, ... - (10) Um den ... zu entwerfen ... .

24 Revision of Conjunctions

a) (1) bevor - (2) damit - (3) weil - (4) sobald - (5) obwohl -
(6) dermaßen ..., daß - (7) je ..., desto - (8) um ... zu - (9) als -
(10) nachdem.

b) (1) als - (2) daß - (3) als - (4) deshalb/darum - (5) weil/da -
(6) nachdem/(sobald) - (7) denn - (8) indem - (9) wie -
(10) wenn.

c) (1) Als ich ..., fiel mir ... - (2) ..., denn es gab.../weil es ...
gab. - (3) ..., weil ich mir.../um mir... zu kaufen. - (4) ..., so
daß ihm die richtige Antwort nicht einfiel. - (5) ..., ohne daß
ich ihn bemerkte. - (6) Das Wetter ist (eben)so naßkalt, wie es
... war - (7) Nachdem sie... geführt hatte, saß sie ... -
(8) Obwohl er ... bestanden hat, ist er ... - (9) Jedesmal, wenn
wir ... spielten und er verlor, ärgerte er sich - (10) ... so
schwer, daß man .../deshalb kann man ... .

d) (1) Als das neue Kabinett vereidigt wurde, waren alle
Abgeordneten anwesend. - (2) Weil/Da die Steuer erhöht
wurde, ... - (3) Obwohl sie Stimmen verloren (hatten), ... -
(4) Um das Gesetz zu verabschieden, ... - (5) Wenn man nur
eine Stimme Mehrheit hat, ... - (6) Nachdem sie die Wahl
verloren hatte, ... - (7) Bevor die Sommerpause begann, ... -
(8) Indem er strahlte, ... - (9) Weil/Da sie Angst vor einer
Blamage hatten, ... - (10) Bis das neue Gesetz in Kraft tritt, ...

e) (1) (In der Zeit) bis er kommt, werde ich mich nützlich
machen. - (2) Nicht etwa, daß Michael faul wäre/ist, aber er
ist nicht dynamisch genug. - (3) Obwohl ich im allgemeinen
tolerant bin, fällt es mir schwer, Leute zu ertragen, denen es
an Takt(gefühl) fehlt. - (4) Er hat meinen Brief nicht erhalten
deshalb/darum/daher hat er nicht geantwortet. - (5) Sie
beruhigte sich, damit die anderen sie nicht hysterisch finden
würden/aus Furcht/Angst, daß die anderen sie hysterisch

finden würden - **(6)** Schreib deinen Brief nicht so, daß keiner ihn lesen kann. - **(7)** Er hat die Arbeit gemacht, ohne daß man ihn ausdrücklich darum gebeten hat/hatte. - **(8)** Wenn das wahr ist, wundert es mich. - **(9)** Je besser ich ihn kenne, desto mehr liebe/mag ich ihn. - **(10)** Dieser Angestellte ist sehr kompetent, während/wohingegen sein Chef dies viel weniger ist.

f) **(1)** Wenn wir früh losfahren, haben wir den ganzen Tag vor uns. - **(2)** Da sie sich verlaufen hatte/vom Weg abgekommen war, wandte sie sich an einen Polizisten. - **(3)** Es gibt Leute, die über alles reden wollen, obwohl sie nichts wissen/keine Ahnung haben. - **(4)** Wenn dieser Vertrag (erst einmal) unterschrieben ist, werden die Preise bestimmt/sicherlich steigen. - **(5)** Sie hat beschlossen, ihre kleine Stadt zu verlassen, obwohl sie weiß, daß das Leben in einer Großstadt nicht einfach ist.

25 Use of the Infinitive

a) (1) ..., den Vertrag nicht zu unterschreiben. - (2) ..., die Rechnung nicht zu bezahlen. - (3) ..., sich sofort anzumelden. - (4) ..., meinen Urlaub in Schottland zu verbringen. - (5) ..., im Gleichschritt zu marschieren. - (6) ..., aufzupassen. - (7) ..., an der nächsten Ampel links abzubiegen. - (8) ..., hier zu warten. - (9) ..., sie nach Hause zu begleiten. - (10) ..., mehr Sport zu treiben.

b) (1) ..., bittet um Ruhe/darum, die Musik leiser zu stellen und die anderen Mieter nicht zu wecken - (2) ... warnt vor .../davor, ... zu öffnen - (3) ... fordern zu ... auf/dazu auf, ... zu leisten - (4) ... kommt auf .../kommt darauf, ... anzubieten - (5) ... überredet uns zu .../dazu, ... zu unternehmen - (6) ... wird um ... gebeten/darum gebeten, ... zu bewilligen - (7) ... ägere mich über .../darüber, ... gefragt zu werden - (8) ... bewahrt ihn vor .../davor, ... auszuweichen - (9) ... bittet ... um .../darum, ... zu helfen - (10) ... setzt sich für ... ein/dafür ein, ... zu beenden.

c) (1) habe Lust, ... wiederzusehen - (2) haben keine Zeit, ... auszugehen - (3) hat die Gelegenheit, ... teilzunehmen - (4) hat Angst, ... zu fliegen - (5) haben die Absicht, ... zu heiraten - (6) hat ... das Recht, ... zu besuchen - (7) hat Schwierigkeiten, ... zu buchen - (8) haben die Möglichkeit, ... zu verbringen - (9) besitzt den Mut, ... zu besteigen - (10) hat die Frecheit, ... anzuzeigen.

d) (1) Anstatt fernzusehen, solltest du ... - (2) Anstatt ... zu träumen, solltest du ... - (3) Anstatt ... zu kaufen, solltest du ... - (4) Anstatt ... auszugehen, solltest du ... - (5) Anstatt ... zu ärgern, solltest du ... - (6) ..., ohne mir seine Adresse zu geben - (7) ..., ohne mir zu sagen, ... - (8) ..., ohne ... aufzuklären - (9) ..., ohne etwas gekauft zu haben - (10) ..., ohne kontrolliert worden zu sein.

e) **(1)** um ... zu - **(2)** ohne ... zu - **(3)** um ... zu - **(4)** anstatt ... zu -
(5) ohne ... zu - **(6)** um ... zu - **(7)** anstatt ... zu - **(8)** ohne ... zu -
(9) anstatt ... zu - **(10)** um ... zu.

26 The Relative Clause

a) **(1)** denen - **(2)** deren - **(3)** dessen - **(4)** den - **(5)** dem - **(6)** dem - **(7)** der - **(8)** deren - **(9)** die - **(10)** der.

b) **(1)** Die Frau, die seit zwei Jahren neben uns wohnt, heißt Bauer. - **(2)** Unsere Nachbarin, deren Mann vor einigen Jahren starb, macht viele Reisen. - **(3)** Ihren Hund, dem sie ein rotes Mäntelchen gestrickt hat, führt sie täglich im Park aus. - **(4)** Die Leute, denen sie auf ihren Spaziergängen begegnet, grüßt sie freundlich. - **(5)** Auf ihren Reisen besucht sie auch manchmal ihren Sohn, der in Paris als Ingenieur arbeitet. - **(6)** Ein anderer Sohn, den ich noch nie gesehen habe, wohnt in ihrer Nähe. - **(7)** Seit ein paar Wochen sieht man sie häufiger in Begleitung eines älteren Herrn, dessen Name ich aber nicht kenne. - **(8)** Den Kindern, die sie manchmal zu einem Eis einlädt, erzählt sie abenteuerliche Geschichten von ihren Reisen. - **(9)** Mit den Reisen versucht sie, ihre Einsamkeit, die sie sonst nicht ertragen könnte, zu verdrängen. - **(10)** Manchmal geht sie mit dem Pfarrer, dessen Frau neulich gestorben ist, ins Kino oder Theater.

c) **(1)** woran - **(2)** worüber - **(3)** wo - **(4)** worauf - **(5)** womit - **(6)** worauf - **(7)** wofür - **(8)** wo - **(9)** wogegen - **(10)** wohin.

d) **(1)** was - **(2)** wen - **(3)** wem - **(4)** wessen - **(5)** wer - **(6)** was - **(7)** wer - **(8)** wem - **(9)** wessen - **10)** wen.

e) **(1)** zu deren - **(2)** an dem - **(3)** um den - **(4)** in der/wo - **(5)** gegen die - **(6)** für die/wofür - **(7)** nach denen/die - **(8)** von dem - **(9)** in dem - **(10)** zu dem - **(11)** an dem - **(12)** mit denen/wo - **(13)** an die - **(14)** von der - **(15)** über das - **(16)** vor dem - **(17)** auf das - **(18)** mit der - **(19)** von dem - **(20)** für den.

f) **(1)** Das ist das Haus, auf dessen Dach man eine neue Antenne installiert. - **(2)** Der Fußgänger, den man nach dem Weg gefragt hat, war auch ein Tourist. - (3) Das Haus, an das ich mich noch erinnere, lag am Meeresufer. - (4) Alles, was ich Ihnen anbieten kann, sind zwei Plätze in der ersten Reihe. - (5) Ich kenne das Land noch nicht, in das du dieses Jahr reist.

27 Participles

a) **(1)** die sich wie Menschen verhaltenden Affen. - **(2)** die Erwachsene ... erschreckenden Löwen. - **(3)** die auf ... spuckenden Lamas. - **(4)** die unbeweglich ... liegenden Krokodile. - **(5)** die menschliche ... von sich gebenden Papageien. - **(6)** die lebendige ... verschlingenden Schlangen. - **(7)** die ihre ... aufsperrenden Nashörner . - **(8)** die sich ... tummelnden Robben. - **(9)** die sich ... fortbewegenden Schildkröten. - **(10)** die immer ... aussehenden Esel.

b) **(1)** die im ... zerstörte ... - **(2)** der im ... genannte ... - **(3)** die unter ... entstandene Prachtstraße ... - **(4)** der 1976 vollendete ... - **(5)** die nach ... benannte ... - **(6)** das vor allem ... berühmt gewordene ... - **(7)** das im Jahre ... erbaute ... - **(8)** das als ... eröffnete ... - **(9)** die im ... ausgebombte ... - **(10)** die von ... angelegte ... .

c) **(1)** Leipzig, das mit ... darstellt, liegt ... - **(2)** Die zentrale mitteleuropäische Lage, die den ... begünstigte, schuf ... - **(3)** ... ein bedeutender Handelsplatz, der durch ... geschützt wurde/war. - **(4)** Die Märkte, die als ... gelten, kann ... - **(5)** Die Stadt, die sich ... entwickelte, ist ... - **(6)** Die Internationale Leipziger Buchmesse, die ... stattfindet, ist ... - **(7)** An der Leipziger Universität, die im ... gegründet wurde, studierten ... - **(8)** ... der Name J. S. Bachs/von J. S. Bach, der dort ... wirkte. - **(9)** In der Thomaskirche, die heute ... existiert, lebte ... - **(10)** Das Gewandhausorchester, das ... gegründet und weltweit bekannt wurde, ...

d) **(1)** Rising prices threaten the country's political stability. - **(2)** The crowd which is growing by the hour is protesting against the country's economic policy. - **(3)** The loans generously granted by the World Bank increase the country's debt. - **(4)** There will be a high price to pay, socially, as a result of the market economy introduced in eastern European countries. - **(5)** Political reforms taking place at the moment in Russia represent a great challenge.

28 Negatives

a) **(1)** Ich fahre nicht mit nach Spanien. - **(2)** Ich erinnere mich nicht ... - **(3)** Ihr dürft hier kein/nicht ... - **(4)** Ich kann nicht ... - **(5)** Man hatte ... nicht erwartet. - **(6)** Ich liebe dich nicht. - **(7)** Er spielt nicht gut ... - **(8)** Ich hole dich nicht ... ab. - **(9)** Er hat sich nicht ... - **(10)** Ich kann dir nicht helfen.

b) **(1)** b - **(2)** c - **(3)** c - **(4)** c - **(5)** b - **(6)** c - **(7)** b - **(8)** c - **(9)** b - **(10)** c.

c) **(1)** nicht - **(2)** keine - **(3)** keine - **(4)** nicht - **(5)** keine - **(6)** kein - **(7)** keinen - **(8)** nicht - **(9)** nicht - **(10)** keinen.

d) **(1)** nicht - **(2)** nichts - **(3)** nichts - **(4)** nicht, nichts - **(5)** nichts - **(6)** nicht(s), nicht - **(7)** nicht/nichts - **(8)** nichts - **(9)** nichts, nicht - **(10)** nicht.

e) **(1)** nie - **(2)** nichts - **(3)** nirgendwo/nirgends - **(4)** nicht mehr - **(5)** niemand - **(6)** niemals - **(7)** keine - **(8)** nicht - **(9)** nie - **(10)** keine ... mehr.

29 Word Order

a) **(1)** Und anschließend wollen ... - **(2)** ... Prognosen gewann ... - **(3)** Warum kommst ... - **(4)** Die Punker werden ... verprügelt. - **(5)** ... Post befindet sich ... - **(6)** Könnten Sie ... - **(7)** ... Regens fand ... statt. - **(8)** ... Verhandlungen war ... gekommen. - **(9)** Gehen Sie ... - **(10)** ... schnell sprach.

b) **(1)** Frau Meier arbeitet jeden Tag im Büro. - **(2)** Täglich wird der Hund im Wald ausgeführt. - **(3)** Seine Großmutter wohnt auf dem Land. - **(4)** Im Sommer geht Michael ins Freibad. - **(5)** Ihr Sohn kann schon seinen Namen schreiben. - **(6)** Er fährt jeden Morgen mit der Straßenbahn in die Stadt. - **(7)** Wir müssen heute wegen des Wetters zu Hause bleiben. - **(8)** Nur mit ihrem Vater darf sie abends im Wald spazieren gehen. - **(9)** Wenn es dunkel ist, funkeln die Sterne. - **(10)** Jeden Monat schicke ich meinem Sohn Geld, aber er schickt es mir zurück.

c) **(1)** Wahrscheinlich wohnt er ... - **(2)** Dank seines Autotelefons kann ihn die Firma ... - **(3)** Per Telefax wurden ihm ... Für die Verhandlung wurden ihm ... - **(4)** Mit dem Verhandlungsergebnis konnte er ... - **(5)** Aufgrund des erfolgreichen Vertragsabschlusses kam das Unternehmen ... .

d) **(1)** Der Arzt verschreibt dem Kranken ein Medikament gegen die Schmerzen. - **(2)** der Verbrecher konnte gestern mit einem Komplizen ungesehen aus dem Gefängnis entfliehen. - **(3)** Der Minister hat heute den Journalisten wegen des Skandals seinen Rücktritt bekannt gegeben. - **(4)** Die Demonstranten sperrten aus Protest gegen die neue Autobahn erfolgreich die Kreuzung in der Innenstadt. - **(5)** Er überraschte sie gegen Mitternacht mit einem fremden Mann im Schlafzimmer. - **(6)** Der Vater schenkte seiner Tochter zum Geburtstag wie selbstverständlich eine Reise nach Australien. - **(7)** Die Gewerkschaften fordern seit Jahren von den Arbeitgebern die 35-Stunden-Woche in den

Tarifverhandlungen. - **(8)** Die Mutter konnte den ganzen Tag mit ihrem Sohn dank des schönen Wetters auf dem Spielplatz verbringen. - **(9)** Sie hat am Morgen wegen des Streits türenknallend die Wohnung verlassen. - **(10)** Sie stellte mir am Wochenende flüchtig ihren neuen Freund auf einem Empfang vor.

e) **(1)** Meine Sommerferien verbringe ich zu Hause/ich verbringe meine Sommerferien zu Hause/zu Hause verbringe ich meine Sommerferien. - **(2)** Er kauft sich jede Woche eine neue Schallplatte/jede Woche kauft er sich eine neue Schallplatte/eine neue Schallplatte kauft er sich jede Woche. - **(3)** dacefb, dacebf, badcef, badecf, cadbef, eadcbf - **(4)** cadb, dacb, bacd - **(5)** cdabe, cdeab, adcbe, edcba, edcab, bdcae.

f) **(1)** ... niedrigere Kaffeepreise ... bedeuten. - **(2)** ... die Abholzung ... beeinflußt. - **(3)** ... man ... soll. - **(4)** ... nicht genug ... getan wurde. - **(5)** ... immer weniger ... wollen. - **(6)** Wenn die reichen Länder ihnen nicht helfen, bewältigen die afrikanischen Länder ihre Krise nie. - **(7)** Da es in der Sahelzone ..., verhungern dort ... - **(8)** ..., ist die Rassentrennung ... aufgehoben worden. - **(9)** ..., haben ... gewirtschaftet. - **(10)** ..., entzogen sich ... .

g) **(1)** ..., denn für ihre große Familie hielt sie ... - **(2)** ..., sondern auch schnell... - **(3)** ..., aber sie wußte nicht ... - **(4)** ... und stellte die Uhr ... - **(5)** ... oder (sie) hatte den Druck ... - **(6)** ..., sondern (sie) beschwerte sich ... - **(7)** ... und wies auf ... - **(8)** ..., aber die Firma wurde verurteilt ... - **(9)** ..., denn dort scheut man ... - **(10)** ... und trocknete sie ... .

h) **(1)** da - **(2)** dann - **(3)** darum - **(4)** daraufhin - **(5)** danach - **(6)** trotzdem/dennoch - **(7)** inzwischen - **(8)** dennoch/trotzdem - **(9)** anschließend - **(10)** jedoch.

Danach, dann, daraufhin are synonyms!

i) **(1)** Ich möchte sowohl Mathematik studieren als auch eine Lehre machen. - **(2)** Ich interessiere mich nicht nur für Biologie sondern habe auch eine Vorliebe für Literatur. - **(3)** Ich möchte weder eine ..., noch habe ich vor, ... - **(4)** Einerseits würde ich gern ..., andererseits sind ... - **(5)** Mal arbeite ich ..., mal lerne ich ... - **(6)** Einerseits möchte ich ..., andererseits will ich aber ... - **(7)** Ich gehe weder/Weder gehe ich ..., noch besuche ich ... - **(8)** Entweder breche ich/Ich breche entweder ..., oder ich bewerbe mich ... - **(9)** Für die Zulassung ... muß man nicht nur ..., sondern darüber hinaus benötigt man auch/sondern benötigt man darüber hinaus auch ... - **(10)** Mal raten die Politiker ..., mal empfehlen sie ...

j) **(1)** Heute begannen die Ferien in NRW. - **(2)** Deshalb warnt die Polizei vor Staus. - **(3)** Trotzdem fahren die meisten am ersten Tag gen Süden. - **(4)** Aber das große Verkehrschaos bleibt aus. - **(5)** Denn viele Reisende fuhren mit der Bahn. - **(6)** Vermutlich waren die Sondertarife für Familien ein Grund dafür. - **(7)** Und auch immer mehr Urlauber fliegen nach Südeuropa. - **(8)** Oder sie buchen preiswerte Busreisen. - **(9)** Zudem verfügen immer weniger Familien über genügend Geld für einen Urlaub. - **(10)** Deshalb bleiben sie zu Hause und nutzen die Ferienangebote der Stadt.

30 Time

a) (1) elf (Uhr) - (2) sieben (Minuten) nach zehn - (3) Viertel nach zwölf (Viertel eins) - (4) zwanzig (Minuten) nach acht - (5) halb drei - (6) einundzwanzig (Minuten) vor vier - (7) Viertel vor neun (dreiviertel neun) - (8) zehn (Minuten) vor zehn - (9) Viertel nach zehn (Viertel elf) - (10) acht (Minuten) vor zwölf.

b) (1) Um sieben (Uhr) hat er ... gehört. - (2) Um halb neun ist er ... aufgestanden. - (3) Um Viertel vor neun (dreiviertel neun) ist er ... gestürzt.. - (4) Um fünf nach neun hat er ... verpaßt. - (5) Um Viertel nach neun (Viertel zehn) ist er ... gefahren. - (6) Von zwanzig nach neun bis zehn vor zehn hat er ... gestanden. - (7) Um fünf vor halb elf ist er ... angekommen und hat ... verpaßt. - (8) Um fünf nach halb elf hat er ... gestritten. - (9) Um eins (ein Uhr) hat er sich ... geschnitten. - (10) Um Viertel nach eins (Viertel zwei) hat er sich entschlossen, ...

c) (1) Der 1. (erste) Mai - (2) Bonn, den 3. (dritten) März 1990 (the date in a letter) - (3) am 31. (einunddreißigsten) Januar - (4) vom 7. (siebten) November - (5) am 23. (dreiundzwanzigsten) Dezember / zum 4. (vierten) Januar - (6) der 18. (achtzehnte) Juni - (7) den 11. (elften) Februar - (8) vom 21. (einundzwanzigsten) Juli / 19. (neunzehnten) August - (9) am 18. (achtzehnten) Oktober - (10) der 13. (dreizehnte) September.

d) (1) (tag)täglich - (2) jeden Abend - (3) anfangs/am Anfang - (4) ab heute/ab (mit) dem heutigen Tag - (5) im Laufe/ innerhalb - (6) monatlich - (7) letzte - (8) genau/exakt - (9) Nacht für Nacht - (10) von heute auf morgen - (11) stündlich/von Stunde zu Stunde - (12) ab und zu/ manchmal/mitunter/bisweilen - (13) mit - (14) samstags - (15) Augenblick - (16) tagsüber - (17) ein Jahr lang - (18) sofort - (19) den ganzen Tag (über/hindurch) - (20) gegen Mittag.

e) **(1)** Der Wievielte ist heute? / Den Wievielten haben wir
heute? Heute ist der 4. (vierte) April. / Heute haben wir den
4. (vierten) April. - **(2)** Meine Uhr geht nach. Kannst du mir
die genaue Uhrzeit sagen? - **(3)** Der Zug hat zwei Stunden
Verspätung. Er wird gegen/um etwa vier Uhr ankommen. -
(4) Wie alt ist er? Er ist Mitte vierzig. - **(5)** Sie hat zwei
Stunden lang gearbeitet. Und innerhalb dieser zwei Stunden
hat sie das wichtigste gemacht/erledigt. - **(6)** In welchem
Monat bist du geboren, im Januar? - **(7)** Er ist am Montag vor
vierzehn Tagen/zwei Wochen weggefahren/abgereist. Und er
wird erst am Freitag in drei Wochen zurückkommen. - **(8)** Ich
gehe jeden Montag abend/immer Montag abends ins Kino. -
(9) Ich nehme meinen Urlaub nie im Sommer. Ich ziehe es
vor im Frühherbst/Anfang Herbst zu fahren, wenn all die
anderen schon wieder zurück sind/Ich fahre lieber ...,
wenn... . - **(10)** In den vierziger Jahren lebten meine Eltern in
Dresden. 1959 haben sie beschlossen, nach Kanada
auszuwandern.

Index